浦口镇志

LOCAL RECORDS OF PUKOU

湖南省醴陵市浦口镇志编纂委员会　编

图书在版编目（CIP）数据

浦口镇志 / 湖南省醴陵市浦口镇志编纂委员会编
.-- 北京：方志出版社，2019.12
（中国名镇志丛书）
ISBN 978-7-5144-3991-5

Ⅰ.①浦… Ⅱ.①湖… Ⅲ.①乡镇—地方志—醴陵
Ⅳ.① K296.45

中国版本图书馆 CIP 数据核字（2019）第 256336 号

·中国名镇志丛书·

浦口镇志

编　　者：湖南省醴陵市浦口镇志编纂委员会
责任编辑：董　琳

出 版 者：方志出版社
地址　北京市朝阳区潘家园东里 9 号（国家方志馆 4 层）
邮编　100021
网址　http://www.fzph.org
发　　行：方志出版社图书经销中心
电话　（010）67110500
经　　销：各地新华书店
排　　版：北京纺印图文设计制作有限公司
印　　刷：北京中科印刷有限公司

开　　本：787 × 1092　1/16
印　　张：17.25
字　　数：333 千字
版　　次：2019 年 12 月第 1 版　2019 年 12 月第 1 次印刷

ISBN 978-7-5144-3991-5　定价：138.00 元

序一

习近平总书记指出："不忘历史才能开辟未来，善于继承才能善于创新……只有坚持从历史走向未来，从延续民族文化血脉中开拓前进，我们才能做好今天的事业。"中国优秀传统文化是在漫长的历史长河中历经无数次涤荡和沉淀而形成的思想精髓，蕴藏着无穷的宝藏和无尽的力量。发掘和继承优秀传统文化，是延续中华文明"根"与"魂"的必由之路。与时俱进，推动传统文化不断开拓创新，是中华文明常葆勃勃生机的重要保证。

"国有史，邑有志。"编修地方志是中国特有的文化现象，是中华民族的优秀文化传统。数千年来，连绵不断的志书编修为保护中华民族根脉，传承中华文明发挥了不可替代的作用。中国现存古志有 8000 余种，占现存古籍的十分之一。中华人民共和国成立以来，编修完成数万种省、市、县三级综合性行政区域志、部门志、行业志、专志等，编纂数万种地方综合年鉴、行业年鉴和专门年鉴等，整理出版数千种历代方志及相关研究成果，发表相当数量的方志理论与年鉴理论研究成果。这既是对我国国情、地情持续开展的大规模普遍调查，也是对各地自然与社会发展状况进行的综合研究，其成果构成了一座丰富的文化资源宝藏，为各级领导科学决策提供了重要参考，为推动经济社会发展和文化建设发挥了重要作用。

当前，中国特色社会主义进入新时代，全国地方志事业也进入新时代。如今的地方志事业围绕党和国家利益、经济社会发展，以人民为中心开拓创新，志、鉴、馆、史"四驾马车"并驾齐驱，志、鉴、馆、网、库、用、会、刊、研、史"十业并举"，加快实现在全国范围内全面推进地方志从一项工作向一项事业转型升级。在党中央、国务院的亲切关怀和各级地方志工作者的共同努力下，一批紧密结合社会发展需求、具有独特创造性的工作逐步开展，涵盖中国名镇志、中国名村志、中国名山志、中国名水志、中国名街志等"名志"系列文化工程是其中代表。作为首个"名志"系列文化工程的中国名镇志文化工程，启动于 2015 年，至今已是第三个年头。中国名镇志丛书在记述主体上，选择中国历史文化名镇、经济强镇、特色镇等在全国具有影响力和代表性的乡镇，旨在全面展示中国名镇的文化精髓；在内容题材选择上，重在突出不同名镇的“名”和“特”，力求集中体现不同名镇最精彩的部分，增强可读性；在志书编纂程序设置方面，志书申报、篇目设计、专家审读、专家组验收等流程环环相扣，紧密结合，力争把每一部志书都打造成精品佳志。

习近平总书记指出：“历史和现实都表明，一个抛弃了或者背叛了自己历史文化的民族，不仅不可能发展起来，而且很可能上演一场历史悲剧。”2018 年是改革开放 40 周年，40 年来中华大地发生了翻天覆地的变化，乡镇发生了极为深刻的改变，从粗茶淡饭到有机食品，从粗布衣裙到精美时装，从土屋平房到高楼大厦，人民生活水平大大提高，城乡差距不断缩小。然而，在感受辉煌成就的同时，我们也应该看到，许多精巧的古建、精湛的工艺、亲切的乡音、独特的乡俗也在快节奏的发展中与我们渐行渐远，曾经的家乡正逐渐变为记忆中的故园。

党的十九大报告提出乡村振兴战略，此后党中央、国务院又推出一系列重大举措。实施乡村振兴战略，必须全面加强乡村文化建设，培养乡村文化自信，培植文化之“根”，铸牢文化之“魂”。没有乡村文化的高度自信，没有乡村文化的繁荣发展，就难以实现乡村振兴的伟大使命。振兴乡村文化，既要塑形，更要铸魂，必须遵循乡村发展的客观规律，在发展中把文化的精髓保留下来，把乡土味道、乡村风貌的“魂”传承下去。在保留优秀乡村文化内核的基础上，用现代表现方式，把反映时代精神、先进理念的内容通过群众喜闻乐见的文化产品表达出来，才能够让乡土文化具有更强大的生命力。用创新性的模式书写乡镇志，传承和抢救乡土历史文化，激发爱国爱乡情怀，为探索中国特色新型城镇化发展经验、发展模式、发展道路提供历史智慧和现实借鉴，正是实施中国名镇志文化工程的目的和意义所在。

“月是故乡明”。中国人素有“家国情怀”，家乡的山水是最为美丽的，家乡的风俗是充满温暖的，一声亲切的乡音，一口熟悉的家乡菜，都能拨动游子的心弦，让其魂牵梦萦。中国名镇志丛书是一套全面梳理中国名镇历史人文，挖掘文化特色，突出“名”和“特”的镇志。它能让人民群众深刻感受到本土本乡自然的优美、历史的醇厚、人物的杰出、艺文的风雅等，有助于培养人民群众对家乡文化的自信，激发起人民群众浓烈的爱乡爱国情怀，助力国家新型城镇化建设和乡村振兴战略的实施。

是为序。

中国社会科学院院长
中国地方志指导小组组长　谢伏瞻

序二

连绵不断地编修地方志是我国特有的文化传统，为传承中华文明作出了巨大的贡献。在党中央、国务院的高度重视和支持下，这一古老的文化传统焕发勃勃生机，展现新的活力，成为保存、继承、发扬光大中华优秀传统文化的重要依托，培育和践行社会主义核心价值观的重要媒介，社会主义先进文化建设的重要组成部分，发展中国特色社会主义，增强道路自信、制度自信、理论自信的重要载体，在实现“两个一百年”奋斗目标和中华民族伟大复兴中国梦进程中具有不可替代的地位和作用。

事物总是在不断发展中前进。经过改革开放以来30余年的发展，中国特色地方志事业与传统的编修地方志已不可同日而语，形成了志（志书）、鉴（年鉴）、库（地情数据库）、馆（方志馆）、网（地情网站）、刊（期刊）、会（学会）、研（理论研究）、用（开发利用）等多业并举的新格局。截至2015年10月底，全国编纂完成首轮、二轮省、市、县志书8000多种，编修部门志、行业志、专业志、乡镇村志27000多种，编纂地方综合年鉴2300多种，累计整理旧志2500多种，还编纂出版了大量的地情书，字数以百亿计，形成以反映国情、地情为主要内容，全面系统、持续不断、卷帙浩繁的社会科学成果群。另外，还开通了27个省级网站、230个市级网站、816个县级网站；建成国家方志馆1个、省级方志馆16个、市级方志馆86个、县级方志馆近300个。这些成果，成为国家极为重要的文化资源，是国家文化软实力和公共文化服务体系的重要组成部分。

最近几年，地方志工作的触角在不断延伸，部门志、行业志、专业志、特色志、乡镇村志编纂方兴未艾，成为当前地方志事业发展新的增长点和亮点。特别是乡镇志，兴起了编纂热潮，从自发的民间行为逐渐过渡为政府组织的文化行为，有的省份以政府令形式将其纳入地方志编修范畴，像河南省还以省政府办公厅名义要求全省普修乡镇志。乡镇志并不是一个新生事物，据现有资料可考，宋代常棠所撰《澉水志》是现存最早的一部乡镇志。与省、市、县三级志书相比，乡镇志虽属小志，但意义却不小，特别是在当前国家全力推进新型城镇化建设的背景下，乡镇志的作用更显重要。

启动中国名镇志文化工程，是适应当前新型城镇化建设形势发展需要、地方志事业发展形势需要的重要举措，也是充分发挥地方志存史、资政、育人功能的重要手段。作为最基层行政组织的志书，镇志是最接近中国社会发展变迁的国情、地情记录文本，具有重要的历史文献价值。而作为充分反映本区域自然、政治、经济、文化和社会的历史与现状的资料性文献，镇志又能全面展示发展脉络，摸索发展经验，为探索中国乡镇未来发展方向提供借鉴和参考。当然，对于祖祖辈辈生于斯长于斯的中国人来说，故乡就是一个魂牵梦萦的地方，故乡的情怀终生难忘。留得住乡愁，记得住乡思，充分展示名镇文化魅力，激发爱乡、爱国情怀，正是中国名镇志文化工程题中应有之义。

是为序。

中国社会科学院原院长
中国地方志指导小组原组长　王伟光

序三

“国有史，邑有志”，中国自古就有注重编史修志的传统。按照我国目前地方志行政法规，国家各级地方志机构的法定职责是编纂省、市、县三级志书，并不包括县以下的乡镇志和村志。这种规定，一方面可能因为全国有数百万自然村落和数万乡镇，全部实行官修很难实现；另一方面可能因为我国历史上就有“皇权止于县”的说法，县以下的民间社会历来是一个以自治为主的领域。然而，改革开放几十年来，我国社会正在发生巨变，这种巨变在基层社会的乡镇、村落、家庭领域更为深刻。作为“乡之首，城之尾”的镇，逐渐被日益崛起的大都市淹没了光彩，村落在快速的城镇化过程中每天都在大量消失，农村家庭的小型化、空巢化趋势非常突出。在这种情况下，我一直在思考，如何留得住历史文化记忆和乡愁，如何把修志的工作向基层社会延伸？

中国人的“家国情怀”，是从“诚意、正心、修身”开始，到实现“齐家、治国、平天下”。所以从国家一统志，省、市、县三级志，到乡镇志、村志、家谱，也是一个完整的系统。

正是在这种背景下，我们决定启动中国名镇志文化工程。乡镇是无数中国人生命的底色和成长的摇篮。如何在城镇化进程中，留得住乡愁，记得住乡音，忘不了乡思，事关城镇化进程的人文关怀和文化保护，事关文化血脉的传承。同时，科学记录城镇化进程，反映城镇化成就，也为今后探索城镇化发展规律、积累经验提供了基本素材。作为全面系统记述一定行政区域的自然、政治、经济、文化和社会的资料性文献，志书是以上功能最好的载体。

我国目前有 4 万多个乡镇，全部修乡镇志还不具备条件。中国名镇志丛书选择的是传统文化名镇、历史军事重镇、革命历史名镇、民族特色名镇、特色经济名镇、旅游景观名镇等类型的乡镇，应该是最具代表性的，在中国乡镇文化传承和社会发展中具有标杆意义。

编纂中国名镇志丛书是对乡土历史文化的保护。随着城镇化进程加快，有不少乡镇被撤并，有些还是在历史上有重要意义的历史文化名镇、特色镇等。如不及时对其历史进行整理、记录，这些重要的历史资料将散佚殆尽。因此，中国名镇志丛书的编纂是对宝贵历史资料的抢救。

编纂中国名镇志丛书是对乡土意识的传承。什么东西有魅力？故乡的山水，乡音乡情的记忆，乡土的气息和家乡菜的味道，不管走到哪里，总是触动心弦。中国名镇志丛书记录的是家乡的山山水水，家乡的历史文化，家乡的风土人情，留住的是乡愁。这些最能激发远方游子和本地民众的爱乡情怀、爱国情怀。

编纂中国名镇志丛书是一种学术探索。镇志的编纂，实质也是一次深入的社会调查研究。“麻雀虽小五脏俱全”，相比省、市、县，乡镇第一手资料的获得需要付出更大的努力。我们也希望在志书编纂上有所创新，使中国名镇志丛书成为一套图文并茂、雅俗共赏的新型志书。

中国社会科学院原副院长
中国地方志指导小组原常务副组长

中国名镇志文化工程专家委员会

中国名镇志文化工程学术委员会

《浦口镇志》编纂委员会

顾　　问 胡湘之　董　巍

主　　任 王　平

常务副主任 邓元新　杨　成

副 主 任 吴远香　陈　灏　汤鹏天　胡望华

办公室主任 汤鹏天（兼）

成　　员 贺勇锋　张文祥　朱发科　傅长齐
赖锡勇　周中平　兰　芳　邹清宇

湖南省地方志编纂委员会审稿专家： 邓建平　隆清华

株洲市地方志办公室审稿专家： 段谭云　陈北宏　吴　夏

《浦口镇志》编纂工作小组

总　纂 汤鹏天

副总纂 张文祥

成　员 朱发科　傅长齐　赖锡勇　周中平

醴陵瓷博会烟花燃放（2017 年）　　明日广告　供

中国名镇志丛书凡例

一、以马克思列宁主义、毛泽东思想、邓小平理论、“三个代表”重要思想、科学发展观、习近平新时代中国特色社会主义思想为指导，坚持辩证唯物主义和历史唯物主义的立场、观点和方法，存真求实，全面、客观、系统记述中国名镇城镇化进程和改革开放成果，传承和抢救乡土历史文化，激发爱国爱乡情怀，留住乡愁，为探索中国特色新型城镇化建设、服务乡村振兴战略提供历史智慧和现实借鉴。

二、为全面反映入志事物发展脉络，各志上限追溯至事物发端，下限一般断至各镇志启动编修年份，个别重大事项可延至搁笔。详今明古，着重反映时代特色和地方特点，重点体现各镇的“名”与“特”。

三、记述地域范围以下限年份的行政辖区为主。为体现名镇在更大区域内的意义，可以从更开阔的区域视野记述与该镇相关的内容。

四、统一采用纲目体，设类目、分目、条目三个层次。横排门类，纵述史实，述而不论。

五、综合运用述、记、志、传、图、表、录等各种体裁，以志体为主。体裁运用适当创新，篇目设置不求面面俱到，一般意义上的乡镇级内容略去不载。

六、除引用文字和附录文献资料外，统一使用规范的现代语体文记述，行文力求朴实、严谨、简洁、流畅、优美，具有较强可读性。

七、人物部类遵循“生不立传”原则，人物传主按生年排序，只选录对本镇发展有重大影响的人物，不面面俱到。

八、各项数据一般采用国家统计部门数据。数据缺乏的，采用主管部门或主办单位正式提供的数据。

九、数字用法、标点符号、计量单位分别执行国家标准《出版物上数字用法》（GB/T 15835—2011）、《标点符号用法》（GB/T 15834—2011）、《国际单位制及其应用》（GB 3100—1993）和《有关量、单位、符号的一般原则》（GB 3101—1993）。历史上使用的计量单位，如斗、石、里、尺、磅、华氏度等，在引文时可照录。考虑到社会使用习惯，全书中亩不统一换算。

十、中华民国成立前的纪年，使用朝代年号纪年，括注公元年份；中华民国成立后的纪年，均使用公元纪年。志中所称“解放前（后）”，以该镇解放日为界；“新中国成立前（后）”，以中华人民共和国成立日 1949 年 10 月 1 日为界；“改革开放前（后）”，以 1978 年 12 月中共十一届三中全会召开为界。本志“××年代”，凡未加世纪者，均指 20 世纪。

十一、为节省篇幅，避免重复，本志采用条目互见法。参见条目的表示形式为：参见本志“××类目·××分目·××条目”。

十二、对旧志、古籍中的繁体字、冷僻字一般用简化字或通用字替换，易引起误解的则保留。

十三、记述各个历史时期的党派、机构、职务、地名等，均以当时的名称为准。对频繁使用的名称，首次用全称并括注简称，其后用简称。

十四、各镇志需要单独说明的事项，均在各自编纂始末中记述。

浦口镇在中国的位置

黑龙江省
哈尔滨
吉林省
长春
沈阳
辽宁省
内蒙古自治区
呼和浩特
北京市
北京
天津市
天津
河北省
石家庄
山西省
太原
乌鲁木齐
新疆维吾尔自治区
甘肃省
银川
宁夏回族自治区
西宁
兰州
青海省
陕西省
西安
济南
山东省
郑州
河南省
安徽省
合肥
江苏省
南京
上海市
上海
西藏自治区
拉萨
四川省
成都
重庆市
重庆
湖北省
武汉
浙江省
杭州
长沙
南昌
江西省
浦口镇
醴陵
湖南省
贵州省
贵阳
福建省
福州
钓鱼岛
赤尾屿
台北
台湾省
台湾岛
昆明
云南省
广东省
广西壮族自治区
南宁
广州
香港
澳门
东沙群岛
海口
海南省
海南岛
西沙群岛
永兴岛
中沙群岛
黄岩岛
南沙群岛
曾母暗沙
渤海
黄海
东海
南海
黄河
长江
图例
北京 首都
天津 省级行政中心
未定 国界
省、自治区、直辖市界
特别行政区界
名镇所在市
名镇
1：32 000 000
审图号：GS（2019）5631号

浦口镇在湖南省的位置

浦口镇
长沙
株洲
醴陵
湘潭
岳阳
常德
张家界
益阳
娄底
怀化
邵阳
衡阳
永州
郴州
吉首
图 例
长沙 省级行政中心
郴州 地级市行政中心
自治州行政中心
常宁 县级行政中心
省级界
地级界
名镇所在市
名镇
1∶3 590 000
审图号：GS（2019）5631 号

浦口镇地图

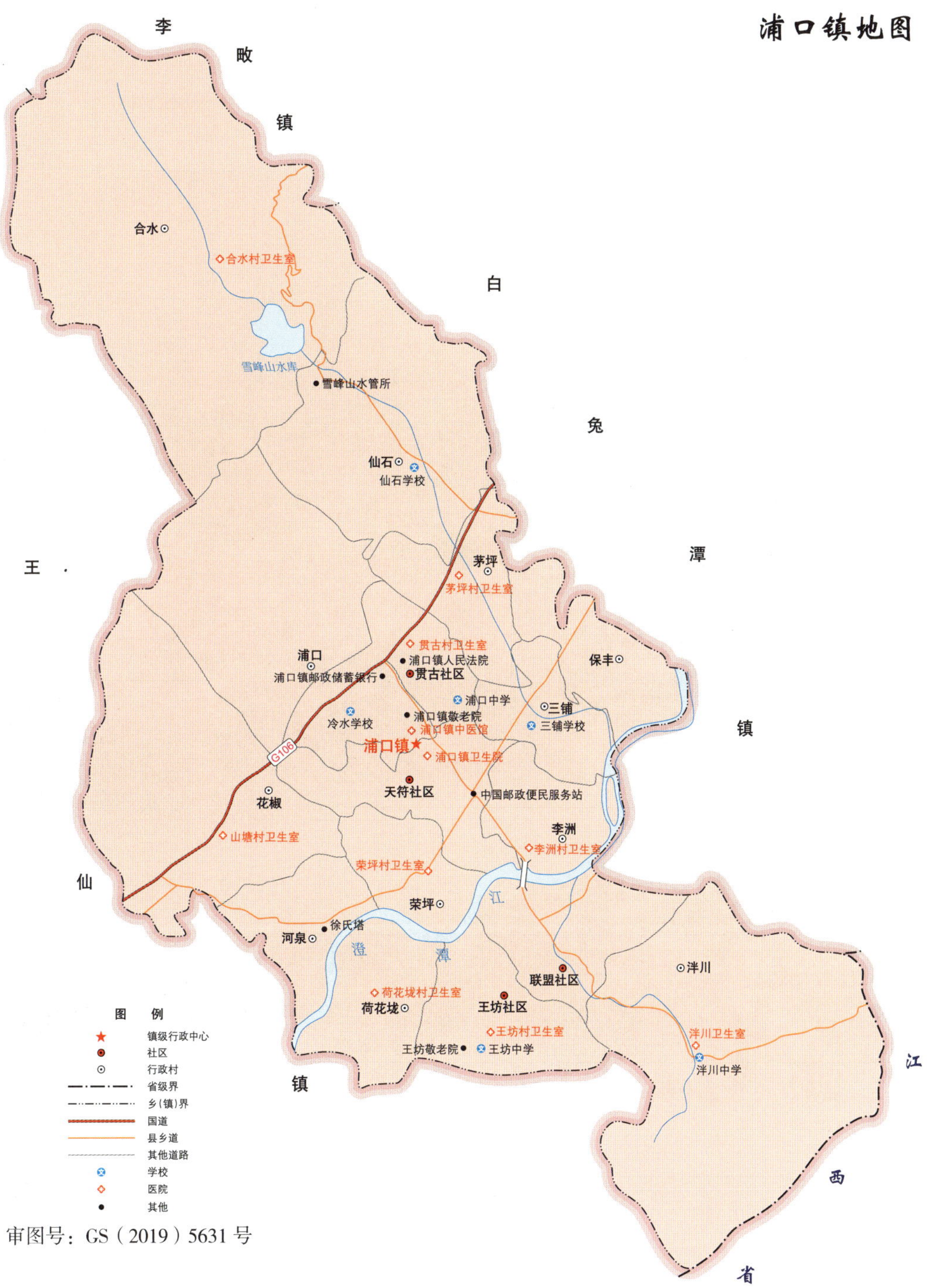

审图号：GS（2019）5631 号

浦口风貌（2018年）

明日广告　摄

浦口新貌（2018 年）

明日广告　摄

2018 年醴陵市夏季乡村旅游节在浦口举行　　明日广告　摄

2018 年醴陵市夏季乡村旅游节现场　　明日广告　摄

小康民居（2018 年）　　明日广告　摄

浦口民居（2018 年）　　明日广告　摄

便民服务中心（2018 年）　　　　明日广告　摄

便民服务大厅（2017 年）　　　　张文祥　摄

目录

浦口洋川（2018 年）　　明日广告　供

电瓷基地，花炮之乡

巍巍罗霄山脉纵贯湘赣边陲，见证了悠远的沧桑岁月，更见证了一座工业重镇的强势崛起。

这里，千百年来本是以农耕为本，当现代工业文明之风扑面而来，它以一个华丽的转身，蝶变为工业强镇。“中国乡镇之星”“电瓷生产基地”“花炮之乡”正是它的美丽光环。

一

浦口境域有小溪，名仙石河，又名马蹄坡水，源于镇内合水村，流经雪峰山后，汇入澄潭江。千百年来，过往商船在此停靠，在岸边设有谷米码头，并形成一个渡口和古镇，聚落村镇渐成规模，历史上曾称“普口”。明崇祯《长沙府志》、清光绪《湖南通志》亦称“普口”。中华人民共和国成立后始置乡，后以普口谐音改称浦口。

浦口母亲河——澄潭江（2018 年）　　明日广告 供

纵贯湘赣边陲的罗霄山脉是古代吴、楚两国的边界。湖南省醴陵市浦口镇位于罗霄山脉西北边沿、醴陵市东部偏北，北纬27.77°03′63″，东经113.64°78′51″，北接李畋镇，东连白兔潭镇，西邻王仙镇，南与江西省萍乡市湘东区荷尧镇接壤。106国道（京广线）和澄潭江横穿境域，是湘东地区重要的物资集散地，乡村道路四通八达。沪昆高速公路醴陵东互通口设醴陵市郊长庆示范区，沪昆高铁醴陵东站设在相邻的王仙镇，距浦口均为十多分钟车程。便利的区位优势和交通条件使浦口镇融入长（长沙）株（株洲）潭（湘潭）及周边城市群1小时经济圈内。浦口镇总面积79.13平方千米，镇政府驻地贯古社区，距醴陵市城区23千米，距省会长沙100千米。

1985年，浦口镇撤乡建镇，2016年辖4个居委会，12个行政村，480个村民小组，总户数13962户，人口58053人。其中男性29253人，占50.39%；女性28800人，占49.61%；人口出生率14.40‰，人口死亡率5.1‰，人口自然增长率9.30‰。

二

春秋战国（前770—前221）时期，罗霄山脉成为吴楚两国的分界线，湖南在西侧，东侧则是吴越之地，罗霄山脉便成为荆楚文化与吴越文化的交会处。浦口镇位于罗霄山脉西北部的澄潭江下游流域。这里是吴楚咽喉之地，亦是醴陵市东部中心区域，曾经便利的水运使其成为周边重要的商品物资集散地。

唐贞观年间（627—649），在醴陵、浏阳、江西上栗县交界处，猎人李畋用竹筒装填火药，发明了爆竹，并用它为唐太宗李世民驱鬼祛邪。回家乡后，李畋便四处传授爆竹制作技艺，常常到周边的浏阳、上栗和醴陵东部的南桥、白兔潭、浦口、王仙等地授徒演示。爆竹后来演变成烟花鞭炮，成为周边几个县市的支柱产业，李畋也被尊为花炮祖师，世代受供奉。

宋朝时，醴陵从占城（今属越南）引进水稻种子，开始在浦口、白兔潭等地种植双

罗霄山脉（2018 年）　　明日广告　供

季水稻，使当地粮食产量大为增长。随后，双季稻种植技术逐步在醴陵推广开来，醴陵成为粮食高产地区。

悠久的历史文化使浦口成为经济发达区域和人文荟萃之地，并逐步形成雄厚的经济基础。经过长期的发展建设，到当代，浦口镇成为醴陵鞭炮烟花产业主产区，也是国内主要的电瓷生产基地。1990 年和 1995 年，浦口镇先后两次荣获“中国乡镇之星”荣誉称号。1990 年，浦口镇被中宣部、农业部评为“全国乡镇企业思想政治工作先进单位”，2002 年被科技部列为“全国星火计划农村小城镇现代化建设示范镇”。

三

浦口镇的工业萌芽要追溯到 1300 多年前的唐代，李畋首创爆竹，逐步形成以湖南醴陵、浏阳，江西上栗为中心的鞭炮制造基地。浦口是最早生产制作鞭炮的地方之一。千百年来，一些农户除了耕田种地以外，还会手工制作鞭炮，产品除少量家用外，主要

浦口电瓷制造有限公司厂区（2018 年）　　张家亮　摄

是拿到集市上换钱，家庭手工业迅速发展。到明朝、清朝，直至民国，鞭炮生产制造已经在周边形成较大规模，成为集中产地之一，产品销往全国各地。有的村落出现家家户户做鞭炮的景象。

中华人民共和国成立以后，社会生产力得到解放，特别是改革开放以后，国家和地方政府积极支持鼓励各地大力发展乡镇企业，发展地方经济。20 世纪 80 年代初，浦口镇工业基础薄弱，仅有的几家镇村集体加工企业也是举步维艰。全镇上下从零开始，全力以赴，把发展乡镇企业当作头等大事来抓。短短几年时间，镇办企业、村办企业、组办企业、联合体企业、个体企业一起上，四处开花，全方位推进。一方面发挥传统优势，从传统的鞭炮烟花产业做起；另一方面，广泛拓展生产领域，积极引进人才，引进技术，引进项目。

特别是传统鞭炮烟花业，由家庭作坊式生产为主转为企业规模化生产为主，由手工制作为主转为机械化、自动化生产为主，生产力水平大大提高。到 1990 年，浦口镇工业就形成了以烟花鞭炮为拳头，电瓷、日用瓷、建筑、建材、包装、印刷、食品、运输、服装、湘绣等多种门类齐头并进的工业体系。1991 年工业总产值 1.1 亿元，成为湖南省第一个工业产值过亿元的乡镇。全镇务工劳动力已占全镇总劳动力的 75%。千百年来脸朝黄土背朝天的农民摇身一变，成为新一代产业工人。

浦口镇工业经过20世纪80年代快速发展、20世纪90年代转体改制、21世纪做大做强几个阶段，持续保持强劲的发展势头，已形成电瓷电器、烟花鞭炮、建筑建材、机械工业四大支柱产业。到2017年，全镇拥有各类企业300余家，从业人员2.6万人，其中规模企业37家，产值过亿元企业3家。全年完成地区生产总值81.1亿元，税收6568万元，成为全国知名的电瓷生产基地之一。浦口花炮先后亮相2008年北京奥运会焰火晚会、2009年国庆60周年焰火晚会，使浦口花炮之乡更加享有盛誉。浦口镇的工业规模和产业特色在湖南省范围内一直是佼佼者。

四

浦口具有悠久的历史和深厚的文化底蕴。在物质文明快速发展的同时，精神文明建设、生态文明建设和小康社会建设同样获得较快发展。

20世纪80年代初，改革开放刚刚开始，浦口镇一手抓以工业振兴为核心的经济发展，一手抓文明村镇建设，都取得了令人瞩目的成就。1983年，浦口创建了醴陵市第一个农村文化中心，兴办了湖南省第一个农村万册图书馆。建立村级图书室、广播室、学习室，对农民进行文化和技能培训，使其成为有文化、懂技术、会经营的新型农民。昔日满身泥水的农民成为产业工人，一些佼佼者还成长为企业家。1986年在河北保定召开的全国文明村镇汇报会上，浦口镇“两个文明一起抓，经济文化一起上”的经验得到推

1995年中国乡镇之星牌匾　　浦口镇政府　供

广。1987 年在江苏无锡召开的全国农村文化中心（站）建设座谈会、1989 年在西安召开的全国部分省市文明村镇建设座谈会、1991 年在北京召开的全国乡镇企业思想政治工作座谈会等一系列重要会议上，浦口镇都是被重点推介的先进典型。1990 年和 1995 年，浦口镇两次获评“中国乡镇之星”。30 多年来，浦口镇一直是湖南省、株洲市、醴陵市的先进典型，连年被评为先进单位或红旗单位。

浦口镇抓精神文明建设的主要经验是“六抓、六治、六变”。即：抓社会风气，治陈规陋习，变淳朴友善；抓环境建设，治脏乱差旧，变村容村貌；抓治安秩序，治违法违规，变遵纪守法；抓文化建设，治低俗颓废，变健康向上；抓干部纪律，治奢靡松弛，变积极有为；抓学习教育，治玩乐懒散，变勤奋好学。注重从机关单位抓起，从镇村干部抓起，从细微之处抓起，而且年年抓，镇村历任领导班子接力抓，使其成为全镇一种工作常态。与此同时，镇村两级积极抓小康社会建设，民生工程不断加强，基础设施建设全面加强，生态文明建设水平大幅提升，人民生活全面达到小康和富裕水平。在建设工业强镇的进程中，实现了经济大跨越，社会更和谐，民风更淳朴，环境更美好，真正走出了一条物质文明、精神文明和生态文明建设同步发展、同获丰收的新农村建设新路子，也为各地文明村镇建设和社会发展提供了宝贵经验。

浦口镇鸟瞰图（2018 年） 明日广告 供

基本镇情

浦口镇位于醴陵市东部，79.13平方千米的肥沃土地演绎了悠久的农耕文明。自宋代开始种植双季水稻已达千年之久。在现代文明之风的吹拂下，这里环境更优美，交通更便利，经济快速发展，构成了一幅和谐进步的美丽画卷。

建置沿革

镇名由来 浦口原有小溪，名仙石河，又名马蹄坡水，源于镇内合水村，流经雪峰山水库后，于李洲村汇入澄潭江，全长 14 千米，汇合处是本地夏布、鞭炮、匣泥、坑木等物资的重要航运码头，形成一个小集镇，明清时期称作“普口市”。1950 年 2 月废除保甲制，建立乡政权，为普口市乡，1952 年 5 月大乡划小乡时称普口市镇，以后行政区划多次调整，一直称普口市乡、普口人民公社。此后，人们逐渐习惯将“普”写成“浦”，以至机关行文也写作“浦”。在本地，“普口”也约定俗成为“浦口”。1984 年公社改乡，称浦口乡。1985 年撤乡建镇，改称浦口镇。

辖区变迁 境内基层行政区划，宋以前难以稽考，宋代醴陵县分为 6 乡 16 里，境属醴陵乡上丰仁里。

明代改乡、里为都、坊（境）。清代都、坊不变。康熙二十一年（1682）全县设 30 都，108 境。境内河溪境、王庄境、王坊境、仙石境隶属 20 都。境设境董，社设社长。

清末改制，醴陵设 15 自治区。民国初期，行政区划沿袭清制，1926 年 2 月，全县重新划定 15 区 131 境。境内河溪境、王坊境、冷水境隶属东二区，仙石境、王庄境、王坊半境隶属东三区，区设区董。

1926 年都改区后浦口行政区划表

表 1

区名	辖地	办公地点
东二区	河溪境、王坊境、冷水境（由王庄境分设）	王仙镇万寿宫
东三区	仙石境、王庄境、王坊半境（由王坊境分设）	白兔潭

1932 年 11 月，醴陵县合并为 5 区，浦口境域分为：东渌乡辖河溪、冷水、王坊三境；仙庄乡辖仙石、王庄二境；荷坊乡辖荷田、王坊二境。均隶属第二区。

1941 年，醴陵县分为 24 乡 3 镇 399 保 5862 甲。浦口境域分别隶属王仙乡辖第 12 保；渌仙乡辖第 17 保；清正乡辖第 2 保，荷里乡辖第 11 ～ 13 保。

1947 年，王仙乡、渌仙乡合并为王乔乡；荷里乡、清正乡合并为河清乡。境属王乔乡和河清乡。

1949 年 7 月 25 日，醴陵和平解放，原有乡镇保甲未变。境域隶属二区王乔乡及河清乡。

1949 年浦口行政区划表

表 2

区	乡	区乡名称		原保别	辖地
二区	王乔乡	东二区	王仙乡	第十二保	大岭冲、箭竹山、戴家冲、龙坡里
			渌仙乡	第一保	蓼田湖、官山口、三眼井、野猪岭、荷叶塘
				第二保	普口市、袁家坪
				第三保	赖家码头、李家洲、店后垅、牛角垅
				第四保	夏家坊、蛇形嘴、枫树下、牛角洲
				第五保	三步街、陈家坊、贯古塘
				第六保	茅坪市、塘下里
				第七保	仙石、炭山下、山口坝
				第八保	上堡冲、雪峰山、观音岩、横冲
				第九保	合水口、石灰冲、烟冲、狮冲
				第十保	苦竹庵、瓦子坪、四十八坡、冷水坑、芒墩坡
				第十一保	花椒冲、杨家冲、高蓬、二神庙
				第十二保	河溪头、古家岭、木梓树下
				第十三保	冯家湾、落星湖、矮洲上
				第十四保	冯家湾
				第十五保	古塘坝、佘家港、花门楼
				第十六保	保驾楼、黄家山下、野猫冲、铁炉坡、石屋柱
				第十七保	朱家棚、荷花垅、瓮桥头、龙背上、河溪头
	河清乡	东三区	清正乡	第二保	四架车、河包洲、吴家坑
			荷里乡	第十一保	保丰潭、马家冲
				第十二保	泮川冲、喇叭冲、麻棚坳
				第十三保	龙王殿、桐梓岭、枫梓冲、易家湾

1950 年 2 月废除保甲制，建立乡村政权，重新分区建乡，乡下设村。境内新设普口市、三铺、仙石、泮川、王坊、河泉、青平共 7 个乡，前四乡归属一区，后三乡归属二区。

1952 年 5 月，境内有 20 个乡，即荷花、合水、天符、东山、茅坪、李洲、王坊、双石、河泉、三团、花桥、保丰、尚堡、冷水、泮川、仙石、三铺、中洲、荣坪、普口镇隶属二区。

1953 年 2 月小乡并大乡，境内调整为 10 个乡，仙石、合水、雪峰、河泉、泮川、冷水、三铺、天符、王坊、普口镇隶属二区。

1956 年 5 月撤乡并乡，境内合水口、雪峰山、仙石、三铺、天符、河泉、普口市镇、冷水坑 8 个乡并为普口市乡；泮川、王坊、温泉、大屏 4 乡并为王坊乡。

1956 年撤乡并乡浦口行政区划表

表 3

乡	原乡名称	辖地
普口市乡	合水口	合水口、烟狮、邹境
	雪峰山	雪峰山、卫星
	仙石	仙石、东山、茅坪、贯古塘
	三铺	三铺、保丰
	天符	天符、云坪
	河泉	河泉、三团
	普口	普口、李洲
	冷水坑	冷水坑、碧泉、花桥
王坊乡	泮川	泮川、青平、石山、双石、中洲、木梓桥
	王坊	王坊、联盟、荷花

1958 年 9 月，撤乡、镇建制，建立政社合一的人民公社。普口人民公社辖境包括原白兔潭乡、普口市乡和王坊乡。

1961 年 3 月，恢复区镇。人民公社规模缩小，普口人民公社划分为白兔潭、普口市、王坊 3 个公社。

1985 年 3 月，撤销浦口乡，设立浦口镇，辖原浦口乡的 19 个村 354 个村民小组，管辖大桥（浦口老街）官山岭（浦口新街）两个居委会 5 个居民组，辖区总面积 57.66 平方公里。

1986 年 11 月，撤销区公所，设 10 个工作委员会，浦口镇隶属白兔潭工委，王坊隶属王仙工委。

2015 年，王坊镇 5 村 2 居委会并入浦口镇后，辖区面积增加 21.47 平方千米，辖区总面积达 79.13 平方千米。

村落社区

境域村落由1949年以前设立的保、甲演变而来，后曾演变为小乡，如1952年辖区20个乡基本是现有村的前身。人民公社时期为大队。1961年，辖区设20个大队。1984年公社改为乡镇，大队改为村。全镇设19个村，354个村民小组，2个居委会，5个居民小组。

1970年，普口老街居民下放到生产队落户，撤销普口大队，由李洲、荣坪大队分管。1979年，普口老街居民返迁，普口大队未再恢复。

1984年3月，改变政社合一体制，恢复建立乡政权，以社设乡，以大队建村，浦口公社改为浦口乡，所辖境域仍分别隶属白兔潭区和王仙区。

1991年3月，增设农场村，浦口镇辖20个村及2个居委会。

1998年12月，撤销王坊乡建立王坊镇，并从联盟村划出一部分增设桥头居委会，从王坊村划出一部分增设三角坪居委会。

2005年4月，乡、村区划调整，境内邹境、烟狮、卫星、雪峰、合水合并为合水村；石山和双石合并为石山村；泮川、木梓、中洲、青平合并为泮川村。

2015年，乡、镇区划调整，撤销王坊镇，王坊镇石山、泮川、联盟、王坊、荷花垅5个村及桥头、三角坪2个居委会并入浦口镇。

2016年6月，村委会、居委会调整。境内撤销贯古村及官山岭居委会，合并为贯古社区；撤销天符及大桥居委会，合并为天符社区；撤销联盟村及桥头居委会，合并为联盟社区；撤销王坊村及三角坪居委会，合并为王坊社区；并将山塘村、花椒村合并为花椒村；冷水村、碧泉村合并改为浦口村；仙石、东方合并为仙石村；石山、泮川合并为泮川村。

村级设置经历多次调整，至2016年年底，辖区共设12个村396个村民小组；4个社区（居民委员会）86个居民小组。

1961年3月浦口行政区划表

表4

区	公社	大队
白兔潭区	普口市	贯古、天符、三团、东山、茅坪、烟狮、李洲、碧泉、仙石、花桥、荣坪、雪峰、三铺、保丰、冷水、合水、卫星、邹境、河泉、普口
王仙区	王坊	王坊、联盟、荷花、双石、青平、中洲、木梓、泮川、石山

1983 年浦口行政区划表

表 5

公社	大队名称	曾用名	人口（人）	耕地（亩）	驻地
浦口公社	（公社小计）	—	30062	20257	贯古大队长坡
	贯古大队	—	716	455	康家老屋
	天符大队	—	2279	1598	天符
	山塘大队	三团	1413	1003	杨家冲
	东方大队	东山	1843	1003	曾家老屋
	茅坪大队	—	1903	1320	上松山
	烟狮大队	—	582	380	烟冲口
	李洲大队	—	2798	2131	桐子围
	碧泉大队	—	1685	1011	谢家新屋
	河泉大队	—	2148	1495	徐家祠堂
	仙石大队	—	1506	868	宝塔
	花椒大队	花桥	1625	1029	荷叶塘
	荣坪大队	—	2254	1759	荣家坪
	雪峰大队	—	462	326	下灯芯坡
	三铺大队	—	2300	1781	三铺街
	保丰大队	—	2457	1875	保丰
	冷水坑大队	冷水	1615	1143	沙塘
	合水大队	—	643	378	合水口
	卫星大队	—	451	227	官冲
	邹境大队	—	498	300	邹家湾
王坊公社	（公社小计）	—	19296	11763	王坊大队青山庵
	王坊大队	—	2339	1564	王家围子
	联盟大队	—	2378	1451	黄家新屋
	荷花垅大队	荷花	2713	1843	丁家老屋
	双石大队	—	420	279	邹家老屋
	石山大队	—	545	237	坟山坡
	青平大队	—	580	361	水冲
	中洲大队	—	764	328	易家湾
	木梓大队	—	621	270	木梓桥
	泮川大队	—	572	300	余家坪

2016 年浦口镇行政区划表

表 6　　单位：个

镇	村（社区）名	原村（社区）名	组数	辖地
浦口镇	贯古社区	贯古村	7	曾屋、大坡、月形、大塘、新屋 A、新屋 B、四仙庙
		官山居委会	5	一组、二组、三组、四组、五组
	天符社区	天符村	23	邬家冲、官山口、朱屋、铁杓坝、农科所、曾屋、新井、谢屋、天符庙、立新、龙口、光明、跃进、李屋、三眼井、四新、方塘、麦子坝、联塘、东方祠、大屋、横塘、牛车湖
		大桥居委会	2	一组、二组
	联盟社区	联盟村	26	马家、白毛、伍家、江家、新河、甘家、松山、官家、大塘、油榨、李家、黄家、新店、古塘、庙边、和平、沙围、塔下、灌塘、王竹、樟树、江边、陈家、新桥、新屋、藕塘
		桥头居委会	1	—
	王坊社区	王坊村	21	松一、松二、石屋、刘新、刘老、彭家岸、周家、邓家、青山、黄家、南山、东山、蛇岭、陈家、建新、茅屋、月旦、尖高、张家、坛新、坛园
		三角坪居委会	1	—
	荣坪村	荣坪村	20	魏石、台子、民主、林垅、月形、周家、方井、刘家、小石、大石、联塘、荷花、云路、东方红、荣坪、飞跃、邓湾、河边、竹叶、湖塘
	河泉村	河泉村	25	藕塘、中一、中二、顺形、木梓、和平、红星、跃进、长一、长二、先进、新民、新建、新塘、荷花、坝湾、上洲、文洲、中洲、狮形、大塘、大坪、泉塘、河溪、横岭
	三铺村	三铺村	26	吴家新屋、龟山、湾塘、三仙庙、邓家新屋、张家老屋、老屋场、柏树、三铺、黄家新屋、檀树、星圣、星裕、九分井、七一、七二、仓下、赖家坝、彭祠、大洲、丰田港、寺背塘、午家井、弄子口、大屋、朝阳
	保丰村	保丰村	26	立新、保丰、四架车、河包洲、水口洲、九如堂、樟树、中间屋、邓家老屋、刘大昌、农场、夏家老屋、夏新公祠、夏远公祠、三家坝、马坪、姚家新屋、六和堂、周家屋场、黄泥塘、邓家学堂、元相、蛇形、七眼塘、孙家滩、建新
	李洲村	李洲村	33	朱祠、铁杓、马路、曾屋、新建、雪洞、桥头、店后、大塘、河边、草坪、丰水、翻身、谢屋、康屋、和平、刘屋、邹屋、朱屋、吴屋、大桥、立新、湾塘、白洲、夹洲、大水垅、台子、老虎墩、沙围、桐子围、竹围、牛角、堤下
	合水村	烟狮村	10	龙形坡、钟家排、石家湾、狮冲尾、狮冲口、烟冲尾、汤家排、烟冲口、黄家排、烟冲排
		邹境村	10	镜子冲、卜家排 2 组、叶家老屋、樟树坡、邹家湾、段家坡、蛇形坡、巴蕉坡口、巴蕉坡尾、仲公祠

续表 6

<table>
<tr><th>镇</th><th>村（社区）名</th><th>原村（社区）名</th><th>组数</th><th>辖地</th></tr>
<tr><td rowspan="14">浦口镇</td><td rowspan="3">合水村</td><td>合水村</td><td>9</td><td>雪峰山、卜家排 1 组、石灰冲、黄芽坡、汤家湾、彭家冲、合水口、店下、麻子坡</td></tr>
<tr><td>雪峰村</td><td>6</td><td>横冲、新塘、新屋、灯芯坡、立新、黄家湾</td></tr>
<tr><td>卫星村</td><td>8</td><td>网形、观音岩、宝华、林场、月形、干冲、船形、桐子坡</td></tr>
<tr><td rowspan="2">花椒村</td><td>山塘村</td><td>21</td><td>白云、古岭、新建、姜坡、黄鹤、三圣、湖塘、烟墩、湾塘、高岸、谭新、西岸、紫金、店湾、泉塘、新园、新塘、杨家、中用、莲蓬、老屋</td></tr>
<tr><td>花椒村</td><td>25</td><td>松树、高棚、黄家山、水碓、月塘、坳上、石子、大塘、湾塘 1、大屋、新屋、河水、二圣、龙王、木子、藕塘、私塘、新建 1、瓦屋、山下、路边、荷叶、前进、农场、富裕</td></tr>
<tr><td rowspan="2">浦口村</td><td>冷水村</td><td>17</td><td>潭神、吴屋、冷水、老屋、马路、邓屋、沙塘、坐连、砂子、沈屋、土地、瓦子、荷叶、汤家、三沙、丰子、瑶下</td></tr>
<tr><td>碧泉村</td><td>21</td><td>大王庙、谢家湾、艾鹅塘、跃进、大塘、瓦棚、中心、黄家大屋、谢家新屋、民主、周祠、上湾、苦竹庵、芒头坡、邹家新屋、沈家湾、和平、黄竹坝、万家老屋、东坑、西坑</td></tr>
<tr><td rowspan="2">仙石村</td><td>仙石村</td><td>18</td><td>三口坝、中布湾、中湾、新屋、牌坊、黄宝冲、低山坡、枫树冲、见光坪、坳上、仙石店、仙石、农场、老虎坡、老福坡、仙石湾、石观、范排</td></tr>
<tr><td>东方村</td><td>23</td><td>炭山、上新、田心、南山、小冲、石坑、樟树、新建、朝阳、瓦棚、民主、跃进、先锋、白屋、东合、和平、下新、油坊、宝塔、圳上、中心、上湾、红屋</td></tr>
<tr><td>茅坪村</td><td>茅坪村</td><td>22</td><td>李家排、周祠、吉屋、茅坪、塘背、付屋、石屋、邹家会屋、邹家老屋、刘家老屋、贺家湾、徐屋、塘下、下田心、中田心、吴屋、松山、彭屋、安东、杨家排、夏屋、老虎坳</td></tr>
<tr><td>荷花垅村</td><td>荷花垅村</td><td>23</td><td>陈湾、王竹、龙背、荷花垅、茅屋、立新、易家 1 组、易家 2 组、庙门、机屋、围子、班竹、肖家、新棚、二房、三房、丁家、张家、会屋、岭下、汤家、狗形、河溪</td></tr>
<tr><td rowspan="2">泮川村</td><td>石山村</td><td>17</td><td>余家、杨家、倒岭、邹家、袁家坝、横冲、马家、新石桥、袁家、吴家、苏家、三路石、马颈坳、龙洞、李湾、下冲、上冲</td></tr>
<tr><td>泮川村</td><td>36</td><td>尖高山、八斗种、余家湾、余家祠、官家冲、横岭上、十字坳、胜利、狮形、温家波、肖家坡、天平岭、罗头山、麻蓬坳、尖石庙、尖高山、樟树山、中心、易家湾、青塘坡、炭棚岭、楼子上、寒仙洞、郭家山、丁家埂、打石冲、曾家老屋、大山下、水冲、亭子 岭、千金排、烂泥坡、龙王殿、金盆寺、张家坡、板坡</td></tr>
<tr><td>合计</td><td>17</td><td>28</td><td>482</td><td>—</td></tr>
</table>

天符社区 境内有座几百年历史的古庙，叫天符庙。后来人们把天符作为地名使用，一直沿用至今。2016年天符村和大桥居委会合并组成天符社区。

天符社区位于浦口镇南部，社区驻地农科所组，距离浦口镇政府0.5千米、距离106国道1千米，东与李洲村、三铺村接壤，西至冷水村和花椒村，南面是澄潭江和荣坪村，北与贯古社区接壤。全社区共辖24个居民小组，共有居民821户，3648人，常住人口4638人，其中：男2427人，女2211人。地形地貌属丘陵地带，总面积3.18平方千米，有耕地1317亩，林地108亩。全社区有种粮大户6户，大棚蔬菜早熟黄瓜和育苗等种植户28户。共有大小企业50多家，人均可支配收入近2万元。境内有中心小学1所，就读学生1200多人，幼儿园2所，社区医务室2所。全社区交通便利，已修建成水泥干道6.2千米，安装太阳能路灯260多盏。各项基础设施完善，居民生产生活方便。

王坊社区 位于浦口镇东南部，距镇政府4千米，东临泮川村，西与荷花垅村接界，南连王仙镇灌冲村，北与联盟社区交界，1949年以前称为王家坊。20世纪50年代初级社改为高级社时属浦口管辖，20世纪60年代设立王坊公社王坊大队，1984年为王坊乡王坊村。2015年并入浦口，由三角坪居委会、王坊村合并为王坊社区。总面积为3.2平方千米，辖区内有21个居民小组，总人口3468人，耕地面积为1360.6亩，林地面积870亩，山塘56口，属水稻高产区。

改革开放40年来，社区基础设施基本完善，冷金公路横穿境内3千米，组级道路基本硬化，并实施亮化工程。至2016年，社区有学校1所，幼儿园2所，村级卫生室1所，规模花炮企业3家，餐饮业2家，农业合作社3家。蔬菜产业已成规模，白玉丝瓜、黄瓜、茄子都远近闻名，居民人均纯收入近2万元。2017年新建了社区综合办公大楼、惠农服务社，有图书室、老年活动中心、党员活动室、广场舞台等文化设施。

境域内名胜古迹有天泉寺、青民寺、龙王庙。

联盟社区 位于浦口镇东部，冷（水坑）金（鱼石）公路从境域穿过。2016年区划调整时联盟村和桥头社区合并设立联盟社区，是原王坊镇政府驻地。东临泮川村，南连王坊村，西濒澄潭江与李洲村隔河相望，北靠白兔潭镇山水村。社区驻新屋村居民小组。距镇政府3.5千米。下辖26个村居民小组。总面积2.9平方千米，人口3566人。境域为小平原，宜于耕种，历为水稻高产区。桥头为小集镇，商贸繁荣，街道成“丁”字形，长约350米，有店铺80多家，交易日杂百货、服装鞋袜、水果蔬菜等。村民主要经济来源为进企业务工、经商、农耕。主要工业有鞭炮、烟花、鞭炮半成品加工、彩印等。

境内冷金公路南通金鱼石连江西萍乡湘东，西接冷水坑与106国道交会。村组道路连接各家各户，并全部装上路灯。

社区设有联盟中心小学，硬件设施完整，师资力量雄厚，地理位置集中，社区文化广场占地面积2200平方米，广场中心装有30平方米的LED彩色显示屏。设有党建文化墙、宣传栏，配备文体器材、休闲座椅等。

贯古社区 系浦口镇政治、经济、文化中心。中华人民共和国成立前属东乡十三保。1950年以后先后并入三铺、仙石、冷水坑等初、中级社，1963年正式设立贯古大队，1983年更名为贯古村，2016年与官山居委会合并成立贯古社区。

辖区东连茅坪村、三铺村，西接浦口村，北与仙石、茅坪村接壤，南与天符社区相邻。106国道自东向西穿社区北部。辖区总面积3.5平方千米，距镇政府1千米，全社区903户，常住人口5000余人，户籍居民4621人，有耕地560亩，水域面积103亩，有企业11家、中学1所、幼儿园2所，辖12个居民小组。农业以水稻种植为主，境内林木多为香樟、杉树、桂花、楠竹等。

贯古社区地处交通要冲，境内多低矮山丘，南北走向，1949年以前有一条古官道穿境域中心，是连接浦口北部山地和南部盆地的咽喉要道。道路中心有一古茶亭，供各类商旅人员歇脚，上书一古联“一贯之道，万古不磨”，将贯古地名嵌入其中。境域居民为福建、广东移民，刘、曾、康姓居多。

境内有贯古大塘、刘家新屋、石灰窑等知名的自然历史文化遗存。旅游景点有四仙庙、中和水上乐园、刘家祠堂、曾家祠堂、绿色休闲垂钓等。购物、商住有浦建集团投资1.3亿元兴建的浦东商贸城、浦东农贸市场等。

贯古社区人杰地灵，先后荣获“湖南省绿色村庄”“湖南省卫生村庄”“湖南省两型村庄”等荣誉称号，全村现有道路12千米全部实现硬化。这里民风淳朴、学风浓厚，其中曾屋组自改革开放以来，100多人口中先后有20多人考取各类大专院校。2016年社区人均纯收入达到2万多元，家家户户用上天然气。

保丰村 位于浦口镇东部，东临渌水江，与白兔潭镇金牛居委会、山水村隔河相望，北边与白兔潭镇株塘村相连，南接浦口镇三铺村，西与茅坪村接壤。民国时期，村民常在渌水江保丰潭引水灌溉，农田产出丰富，人们取意能保证丰收，故而得名保丰村。村委会驻孙家滩组，距镇政府 3 千米。至 2016 年，全村总面积 3.2 平方千米，辖 26 个村民小组。共有 806 户，3900 人。有水田 1765 亩，林地 608 亩。村内基础设施完善，村内道路四通八达，全部实现村主干道路的硬化，安装路灯近 200 盏。水利设施配套，硬化水渠覆盖全村。文化活动广场、老年活动中心、幼儿园一应俱全，全村经济发展较快，已成为远近闻名的蔬菜生产基地，早熟丝瓜、黄瓜、苦瓜种植规模大，产品质量好，远销周边各省市。有规模企业 1 家，综合性农民专业合作社 1 家。

茅坪村 远古时期，由于常年干旱，茅坪村地域盛长茅草，故取名茅坪，中间只有一条由生意人踩踏出来的羊肠小道。

茅坪村位于浦口镇东北部，北邻仙石村，南面与三铺村接壤，西面与贯古社区交界，东与白兔潭镇交界，总面积 4.2 平方千米，全村辖 22 个村民小组，有农户 618 户，总人口有 2813 人，有水田 1100 余亩，旱土 980 余亩，林地 1280 余亩。村委会驻松山组，距镇政府 2.5 千米。106 国道横穿而过，村内道路四通八达，14 千米多的村组道已全部水泥硬化，并完成亮化设施建设，交通便利。雪峰山水库建成以后，解决了全村农作物长期遭受干旱的困扰。现在茅坪村已完成千亩高标准农田建设，种植业兴旺，以水稻种植为主，各类蔬菜、大棚西瓜、葡萄、草莓等瓜果种植获得较快发展。辖区工商业发达，工业以电瓷、花炮和花炮机械生产为主，有大小商铺 50 余家。村级经济持续发展，村民年人均可支配收入达 24000 余元。2017 年被株洲市评为市级卫生村和红旗单位。

仙石村 位于浦口镇北部，全村总面积 10.3 平方千米，有水田 2074 亩，山林 6750 亩，全村人口有 4725 人，中心小学 1 所，在读 600 余人，幼儿园 2 所，在读生 350 余人。辖区经济主要以种养殖业为主，有鞭炮烟花厂 4 家，模具厂 1 家，每年工农业总产值达 3 亿余元。

关于村名由来，相传，神仙石观娘娘挑一担石头，在江西萍乡上空放下扁担，将一颗石头抛向醴陵雪峰山脉下，另一颗抛向攸县丫江桥附近。晋朝王质得道成仙后，邀请众位神仙在浦口一带云游，路过雪峰山脉下，发现这块巨石，就在石头上推开棋盘下棋，与众位神仙谈古论今。后人将这块巨石称为“仙石”。20 世纪 50 年代初，称这一带为仙石境。1963 年成立仙石大队，1964 年以雪峰渠道为界，分为仙石大队和东山大队（即东方大队）。1983 年更名为仙石村和东方村。2017 又由原仙石村和东方村合并组成仙石村。辖区东连白兔谭镇，南连茅坪村，北与合水村接壤，境域背靠雪峰山水库，紧邻 106 国道，有庄严宝塔、古老青石板桥和千年香樟，还有观音寺、叶氏宗祠、汤氏宗祠等多处名胜古迹。

村内道路四通八达，路面全部硬化。已建成高标准的村级活动中心，占地面积 150 平方米，内设党员教育室、村民图书室、村委会办公室、远程教育学习室。

泮川村 位于浦口镇东部，距镇政府驻地约 7 千米。东与江西省萍乡市交界，南和王仙镇大屏山村相连，西临王仙镇灌冲村，北至浦口镇联盟社区。

1958 年设泮川大队，1962 年划归新设的王坊公社管辖。2005 年由原石山村、双石村合并为石山村，原木子村、泮川村、青平村、中州村合并为泮川村，2016 年区划调整时泮川村与石山村合并为泮川村。

泮川村下辖 53 个村民小组。面积 14.7 平方千米，总人口 4347 人。境内多为山区，矿产资源丰富，富含煤炭、锑、金等有色金属。境内余岳公祠 2012 年被列入株洲市非物质文化遗产名录，村内有名胜古迹——妙觉寺，有知名学者、诗人、书法家虞逸夫墓地。村内有马颈坳煤矿、株洲金旺矿业有限公司、醴陵市中兴出口花炮厂、赖氏引线制造有限公司、富村种养农民专业合作社等企业。村民以种养业为主。交通便利，通信发达。村内有小学 1 所，村级卫生室 2 个，设有图书室。多次被评为株洲市、醴陵市先进单位。

浦口村 位于浦口镇中部，由原冷水坑村与碧泉村合并而成。紧邻集镇政治文化中心地段及 106 国道，东临贯古社区、西接花椒村，南连天符社区，北邻仙石村。全村面积 8.6 平方千米，共 38 个村民小组，1056 户，4964 人，耕地面积 1930 亩，村内道路四通八达，村组道路全部水泥硬化，并全部安装路灯及栽有花木。有各类企业 10 家，其中知名企业有万李出口鞭炮厂、福星烟花制造公司、凯顺引线厂、南中引线厂、华海花炮鞭炮制造公司、梦碧泉饮用水厂，另有种养殖合作社 3 家，机械厂 1 家。名胜古迹有玉佛寺、龙王庙等。全村姓氏主要有邹、万、谢、吴，石、周、李、刘等。村级有非经营性资产 1510 万元，2017 年村民人均收入达 2.9 万元，浦口村 2012—2015 年先后获株洲市新农村建设示范村、株洲市卫生村，省级卫生村荣誉称号。

荣坪村 相传很多年前，此地有姓袁的地主，当时叫袁家坪。后老百姓又称荣家坪，新中国成立后老百姓称荣坪，故称此地为荣坪村。

荣坪村位于浦口镇澄潭江畔，距 106 国道 2 千米、沪昆高速 15 千米。东、北与天符社区接壤，西至花椒、河泉村，南至澄潭江与荷花村、王坊社区相望。村委会驻荷花组，距镇政府 3.5 千米，境域交通便利，土地肥沃，气候条件优越。辖 20 个村民小组，有村民 776 户，人口 3497 人，其中男 1822 人，女 1675 人。有耕地面积 1976 亩，其中水田 1597 亩，水塘 30 口，山林 320 亩。

改革开放以来，荣坪村社会经济获得较快发展。农业以水稻、蔬菜、瓜果种植为主，已成立农民专业合作社 2 个，年产值超过 2000 万，所生产的农产品（秧苗、蔬菜）远销南部各省。农业生产效益大幅提升。村委会先后投入大量资金在本村进行池塘清淤、灌溉设施维护更新、道路硬化和村道路灯安装等基础设施建设，努力为村民创造良好的生产生活环境。

三铺村 民国时期此地有一条由浦口市通往白市的商贸往来道路，在现今三铺村三铺组路段，有 3 个商铺，一个是肉砧铺，一个南杂铺，还有一个豆腐店铺，当地居民将此地称为三铺。1950 年，此地成立三铺乡，辖现今的保丰、茅坪、贯古、三铺 4 个村，1959 年成立人民公社，将三铺乡划分为保丰、茅坪、贯古、三铺 4 个大队，1985 年改为三铺村，一直沿用至今。

三铺村位于浦口镇东部，东邻保丰村，南至澄潭江河畔与李洲村相邻，西至天符社区与贯古社区，北靠茅坪村。保山公路由东往西贯穿村中心，雪峰河由北往南穿过。境

三铺别墅区（2018 年） 张家亮 摄

域有 1 所完全小学，设有村级卫生室，村级活动中心驻地老屋场组，距镇政府 2 千米，下辖 26 个村民小组，村民户数 748 户，人口 3860 人，辖区面积为 2.8 平方千米，有耕地面积 1850 亩，山岭面积 400 余亩。

三铺村境域属丘陵地带，地势平坦，适宜耕种，农业以水稻蔬菜种植为主，历为水稻高产区，盛产早熟黄瓜、丝瓜、大棚西瓜、香瓜等果蔬。浦缘种植农民专业合作社种植的“浦绿”牌蔬菜、瓜果 2017 年通过湖南省绿色、环保、产地三认证。工业有电瓷生产、机械加工等 10 多家企业，知名电瓷生产企业——华鑫电瓷科技股份有限公司位于大屋组。境域有各类店铺 20 余家，村民通过农耕、务工、经商、兴办企业获得丰厚的经济收入，2017 年人均纯收入达 28600 元。2017 年被评为株洲市美丽乡村建设示范村。

合水村 境域内因有邹境河流与烟狮河流汇合，故称合水。合水村位于浦口镇西北部山区，1949 年以前隶属于仙石境上堡冲保。2005 年区划调整由卫星、雪峰、邹境、合水、烟狮等村合并为合水村，村部设在合水口组合水学校驻地，距政府 8 千米。境域东临白兔潭镇和浦口仙石村，南临浦口村，西靠王仙镇，北接李畋镇，总面积 16.2 平方千米，人口 3214 人，辖 43 个村民小组。辖区地处山区，宜于林业，是木材、油茶主产地。村民主要经济来源为务工、经商、农耕等。公路北通官庄，东达 106 国道。

辖区有雪峰山水库始建于 1958 年，面积 1200 亩，可供应浦口镇及周边 8 万人的饮用水。水库四面环山、绿树成荫。环湖水泥路 9 千米。燕子岩溶洞坐落在雪峰山南腰，水库之上约 10 千米。境域内建有雪峰山革命烈士陵园，占地面积 1200 平方米。还有石氏宗祠、金爷庙、龙王庙、四仙庙、土地庙、大王庙、灵光庙、罗神庙等古迹。

河泉村 位于浦口镇西南部，西连王仙三狮村，东接荣坪村，南临澄潭江与荷花村隔水相望，北与花椒村相连，保山公路穿村而过。村委会驻狮形组，距镇政府 3 千米，离市区 21 千米，总面积 1.9 平方千米，总人口 2896 人，有耕地面积 1296 亩，林地面积 640 亩。村设完全小学 1 所，卫生室 1 处，有老年活动中心和健身服务广场等一系列设施，配套齐全。有以河泉农民水稻种植专业合作社为龙头的现代农业生产基地，以种植高产水稻、早熟黄瓜和蔬菜等为主。全村有烟花企业 2 家，就业人员 1000 余人。辖 25 个村民小组。村民通过耕作、务工、经商、办厂，收入可观，2017 年人均收入达 24800 元。

河泉村 1949 年以前为河溪境，20 世纪 50 年代成立初级社，河溪、山塘、花桥、冷水、碧泉、三狮划分为一个乡。1958 年成立高级社，河溪境更名为河泉大队，1984 年撤乡并镇，河泉大队改名为河泉村。

河泉村先后被评为学习型社区活动中心，被株洲市绿化委员会和株洲市林业局授予绿色村庄的光荣称号。

荷花垅村 位于浦口镇南部，距镇政府5千米，东临本镇王坊社区，南接王仙镇灌冲村，西连王仙镇三狮村及本镇河泉村，北与荣坪村隔河相望，传说曾因种植荷花而得名。

20世纪50年代属浦口管辖，1961年成立王坊公社后设荷花大队，1984年为王坊乡荷花村，1998年改为王坊镇荷花垅村，2015年为浦口镇荷花垅村，2017年为浦口镇荷花村。全村总面积2.5平方千米，辖23个村民小组，人口3901人，水田1595亩，辖境为小平原，宜于耕种，历为水稻高产区。村民主要经济来源为务工经商和种养业。

改革开放后，在中共富民政策指导下，全村人民不断调整产业结构，优化村级环境，2010年在三房组境内建设了村委会办公楼。2012—2014年建设现代化学校1所。境域内有规模烟花鞭炮企业2家，有专业种养殖合作社3家，彩蝶飞遍全球，龙虾享誉三湘。村级文化体育事业蓬勃发展，村文化站被文化部评为一级乡（镇）村综合文化站，有湖南省新闻广电局授予的全省示范农家书屋，株洲市文化广播新闻局授予的一级乡镇综合文化站及先进农家书屋，同时被醴陵市文体局列为农家书屋管理员培训基地。名胜古迹有箭竹山龙神宫。全村基础设施建设不断加强，水泥道路通遍全村，村民生活水平逐年提高。

花椒村 2016年由原山塘村、花椒村、农场村合并组建花椒村。传说清康熙年间（1662—1722），村内通往醴陵城区的路上有座古桥，非常狭窄，而且年久失修，很不安全。某天来了个讨饭的“叫花子”，得到了当地老百姓的善待。“叫花子”原是云游道长，感恩当地民风淳朴，决心报恩，于是倡导募集资金修复古桥。村民为铭记他，将桥命名为“花桥”，此桥至今保持完整。1949年以后，行政区划取名为花桥村，因与醴陵市新阳乡花桥村同名，于1984年改名为“花椒村”。

花椒村位于浦口镇西部，106国道纵贯全村境内4千米，交通便利，东邻天符社区、荣坪村，南连河泉村，西接王仙镇，北与浦口村相连。全村辖46个村民小组，总户数1308户，总人口5743人。有耕地面积2153亩，山地7220亩，小（2）型水库5座。村内有规模电瓷制造企业5家，有证烟花鞭炮企业7家，农业产业合作社5家，炮筒加工企业13家，机械制造企业2家，加油站2家，村级卫生室2所，幼儿园1所，老年活动中心1所，图书室阅览室2个。村内环境优美，道路四通八达，路面全面硬化，主干道实现路灯亮化，道路两旁绿树成荫，有名胜古迹古白云寺，还有正在开发的杨梅山生态休闲山庄。村民在长期的耕作中，依靠地域优势，创造出了自己的特色农业——无公害蔬菜瓜果。花椒村已初步形成集休闲、体验、避暑、观光为一体的乡村旅游产业。

李洲村 位于浦口镇中部，东临澄潭江，与白兔潭山水村隔河相望，南邻联盟社区，西邻天符社区、北与天符社区和三铺村相连。传说李洲取名是因为紧靠澄潭江，江中有个大沙洲（即现在的夹洲组），洲上和江岸上有很多李子树，于是称之为李洲。

20 世纪 50 年代先后被叫作李洲初级农业合作社、李洲高级农业合作社。人民公社时期改为李洲大队。1985 年 3 月撤大队建村，称为李洲村至今。全村有 33 个村民小组，1018 户、4889 人，总面积 3.5 平方千米。距镇政府 2 千米，主道路为柏油硬化路面。村内交通四通八达，大小路面总长 20 余千米，已贯穿每组各户。

改革开放 40 年来，李洲村不断调整产业结构，优化村内环境。培育了醴陵市知名鞭炮烟花生产企业赖氏烟花、发根烟花鞭炮厂，有大型的鞭炮烟花机械制造企业湘印机械有限公司。全村蔬菜基地初具规模，有早熟黄瓜基地和葡萄基地。境域有商贸店铺 80 余家。村民通过农耕、务工、经商、兴办企业获得丰厚的经济收入，2017 年人均收入达 28900 元。

自然地理

地理位置 浦口镇位于醴陵市东部偏北，北纬 27.77° 03′ 63″，东经 113.64° 78′ 51″，地形狭长，北靠李畋镇，西南邻王仙镇，东及东北接白兔潭镇，东及东南与江西省萍乡市荷尧镇交界。浦口镇位于湘赣边界要冲，是湘东地区重要的物资集散地。历来水陆兼备，交通方便，区位优越。镇域总面积 79.13 平方千米。2016 年有耕地面积 40530 亩，山地面积 64800 亩。镇政府驻地贯古社区，距醴陵市区 23 千米。

浦口镇交通便利，澄潭江自北向南穿越，自古水路畅达，拥有繁华的水运码头，可

美丽浦口（2018 年）

直达醴陵、株洲、湘潭、长沙等地。1949 年以后，陆路交通快速发展，是醴陵东部重要的交通要道。106 国道穿境而过。距沪昆高速公路醴陵东互通口和沪昆高铁醴陵东站仅 8 千米。距长沙黄花国际机场仅 1 小时车程。周边城市株洲、湘潭、长沙、浏阳、萍乡等地均可通过高速公路直达。

地质地貌

浦口地质构造由北部九岭山支脉形成隆起地带向中部倾斜，南部的武功山余脉亦隆起向中部倾斜，中部澄潭江流域则形成河川两岸低洼盆地。地表覆盖一级分类面积为：林草覆盖 58.03%，种植土地 24.04%，水域 2.70%，房屋建筑区 10.86%，其他为道路及人工构筑、堆掘地等。

山岳 全镇以丘陵、山地为主，境域中部（澄潭江两岸）较为平坦，东西两部多山地。境内山地，一为武功山余脉，武功山由江西省萍乡市杨岐山西行入醴陵，主峰为屏

明日广告 供

山，至境内尖高岭、亭子岭；二为九岭山支脉，自浏阳羊角脑、甲公坳入醴陵官庄乡牛角坡经鹅公蛋山、亭子岭、扁担坳转箭杆山、十牛亭至境内狮冲坳，然后分成2支，一支至雪峰山、伴峰尖；另一支至观音庙、沙帽顶、观音岩、王仙山。

土壤 境内水田有黄泥田、砂质田、灰黄泥田；土壤质地发育良好，土壤肥力高，通透性能好，历来为种植粮食作物、油料作物和经济作物的基地。山地土层深厚、保水性能好，可大面积营造用材林。旱土有红土壤、黄土壤、红色石灰土。

河流 境内主要河流澄潭江，是渌江的主要支流，发源于江西省万载县黄茅乡金钟湖，流经江西万载、湖南浏阳、醴陵，纳萍乡栗江水，经醴陵李畋镇、白兔潭镇入浦口境。澄潭江流经浦口镇保丰、三铺、李洲、联盟、王坊、荣坪、荷花垅、河泉8个村。境内有二级支流泮川水（长6.1千米）、仙石河水（长14千米），分别从联盟、李洲村流入澄潭江，并有冷水坑水、河溪头等诸水汇入澄潭江，其支流遍布全镇各个

优美的自然环境（2018年）

村落。

气候物候 浦口镇域属亚热带季风性湿润气候，气候温和，四季分明，雨量充沛，日照充足，但分布不均，无霜期长，年平均达280天。

传统习惯，历来以二十四节气中的立春、立夏、立秋、立冬为四季开始，境内长期以传统习惯与农事活动安排相结合，则以春分、夏至、秋分、冬至作为四季开始。

按照气候学划分四季的标准，属地春秋两季最短，夏冬两季较长。

境内冬季盛吹偏北风，夏季盛吹偏南风，春、秋两季风为冬、夏季风的交替过渡。

山川地貌（2018年） 明日广告 摄

明日广告　供

气候特点是春季气候多变，阴湿多雨，春寒突出，低温寡照，晴雨多变，冷暖无常。夏秋季易涝易旱，夏季盛吹偏南风，温高湿重，天气炎热，高温期长，暴雨较多，降水集中，分布不匀，易旱易涝。秋季受北方冷空气影响，气温急剧下降，雨量小，秋旱常见，气候干燥，昼夜温差大。冬季盛吹偏北风，前期雨少干旱，后期阴冷潮湿，冬季虽长但严寒期短。

自然资源

境域内土地资源、水资源、生物资源、矿产资源较为丰富。

矿产资源　境内矿产资源种类繁多，点多面广。其中，非金属矿居多，具有开采价值，金属矿开采价值不大。主要有：

铁矿。分布于荷叶塘、马鞍山、雪峰山、马子鞍。

金矿。境内雪峰山、仙石、东方、保丰七眼塘、王坊横岭山脉金有少量分布。经湖南省地质勘查局勘查，均无工业开采价值。

锑矿。分布于境内王坊横岭上。1964 年湖南省地质勘查局普查横岭上，湖南省冶金二一四队于 1965—1969 年 3 次复查，1976 年省地质勘查局再次复查，得共同结论：“锑矿具有一定意义，可供地方小型开采，其深部矿化情况有待今后进一步探索。”

石灰矿。境内雪峰、卫星、碧泉、马家山储量较丰富。常有窑厂采当地矿烧制石灰。

煤矿。境内泮川、王坊、联盟、木梓、青平、石山、双石为二叠系含煤组，均属大屏山煤田。其中马颈坳煤矿从 1954 年至今一直在开采。仙石、荷叶塘有烟煤。储藏量数吨、数千吨不等，槽不相连，地下水大。

匣泥矿。境内碧泉瓦棚、贯古陶家坡、三铺寺背塘、天符跃进储量较丰富。曾建有窑棚开采匣泥，烧制缸钵及砖瓦，色泽洁白，以泥质好著称。曾在醴陵陶瓷产业中应用。

石英矿。境内碧泉、雪峰山等地储量大。

水资源　境域内水资源充沛，除流经境内的澄潭江以外，还有大量水库塘坝等。

雪峰山水库，集水面积 16.5 平方千米，库容量 1135 万立方米。

另有小（2）型水库 8 座，即：山塘芦笋、花椒藕塘、大塘、荷叶塘、卫星牛冲、雪峰横冲、碧泉苦竹庵、东坑。有山平塘 791 处。

生物之源　浦口境内北部、东部为山区，中部为丘陵区。山地面积占全境总面积的 60% 以上。是常绿阔叶、落叶、针叶林木混生区。主要树种有杉、松、樟、梓、女贞、枫、栗、梧桐、槐、杨、柳、榆、棕、油桐、楠竹以及橘、梨、桃、李、梅、枇杷等，但以杉、松、棕、枫等为主，油茶等次之。

境域内野生动物有 4 类 300 多种。常见的野生动物有燕、麻雀、八哥、喜鹊、乌鸦、布谷鸟、野鸡、野猪、黄鼠狼、野兔、青蛙、蜥蜴、蛇类、鱼类，以及各种昆虫、森林和农作物害虫等。

山水秀色（2018 年）　明日广告　摄

人口姓氏

人口源流　浦口境内人口中，外来移民后代占绝大多数，土著极少。

东晋义熙十四年（418），有醴陵丁氏始迁祖丁宣裔孙由丁家坊迁入境内河溪头。

北宋大观年间（1107—1110），有刘姓从江西南昌迁入本境夏家坊，南宋绍兴二年（1132）徐姓由江西金溪迁境内河溪头，南宋绍兴三十年（1160）汤姓由江西萍乡迁入本境仙石。

明初官府鼓励外来移民插标占地，垦荒生产。明洪武二年（1369）张姓由江西吉安迁入普口市，杨姓由江西庐陵迁境内杨家冲；洪武初年刘姓由江西安城、南昌分别迁境内陈家坊和王坊，傅姓由江西丰城迁境内尚堡冲，彭姓由江西芦陵迁境内蓼田湖，夏姓由江西九江迁境内夏家坊，吉姓由广东龙泉迁境内荷叶塘。明洪武年间（1368—1398），吴姓由广东嘉应迁境内塘下里。明天启年间（1621—1627），谢姓由浙江会稽迁境内冷水坑。明崇祯初年，魏姓由广东嘉应迁境内泮川冲。明崇祯年间（1628—1644），樊姓由江西南丰迁普口市，冯姓由广东龙川迁仙石，罗姓由福建汀州迁高棚，王姓由江西南昌迁普口市。明崇祯十七年（1644），万姓由江西迁冷水坑。

明末，经兵乱灾疫劫难，人口死亡过半，部分乡人外逃谋生。

清顺治二年（1645），黄姓由福建永定迁境内王家坊，叶氏由江西龙泉迁入仙石，苏姓由广东长乐迁境内泮川冲，周姓由江西泰和迁入境内王家坊。清顺治末年（1661），上官姓由福建邵武迁入境内泮川冲。清康熙初年，郑姓和钟姓由福建汀州迁入普口市。清康熙年间（1662—1722），朱姓由江西定南迁入普口市，陈姓由广东海阳迁入荣家坪，石姓由福建汀州迁入尚堡冲，皮姓由广东海阳迁入普口市，卜姓由广东梅县迁仙石，姚姓由广东平定迁保丰。清乾隆年间（1736—1795），康姓由江西泰和迁入贯古塘，胡姓由湘乡迁普口市。清光绪元年（1875），邹姓由广东龙乡迁冷水坑，邬姓由广东迁境内官山口。

民国时期，连年战争和自然灾害造成人口大量外流。1944 年日军侵陷醴陵，被掠杀、外逃谋生的很多。

1949 年中华人民共和国成立后，先后有外地干部调入，大专毕业生分配工作，军转干部转业安置及家属落户，增加一些人口迁入。

1959 年，醴陵组织 1.5 万余人去云南省西双版纳傣族自治州景洪、勐海、勐腊三县和红河哈尼族彝族自治州的河口、金平、蒙自三县支援边疆建设。其中浦口共组织 975 人去云南。

2015 年，撤销王坊镇，王坊镇荷花垅村、联盟村、王坊村、石山村、泮川村及桥头居委会、三角坪居委会并入浦口镇，共 13111 人。

人口总量　境内居民聚居已久。但历史上人口规模及分布状况无据可查。

中华人民共和国成立后，乡镇（公社）每年上报一次人口统计年报。1953 年、1964 年、1982 年、1990 年、2000 年、2010 年先后进行过 6 次全国人口普查。至 2016 年年底，全镇 13423 户，58053 人，比 1986 年境内人口总数增加 25587 人（其中王坊 5 村 2 居委会并入 13111 人）。随着社会经济的迅速发展，人口亦有序增长。实行计划生育后，人口总量得以控制，家庭户规模逐渐小型化，户均人口数逐步减少。1986 年户均人口 4.5 人，2016 年户均人口 4.32 人。

自然村庄（2018 年）　　明日广告　摄

1961—2016年浦口镇人口统计表

表7

年份	村（个）	组（个）	总户数		总人口	
			合计（户）	其中农业户（户）	合计（人）	其中农业人口（人）
1961	18	334	4748	4630	20564	20141
1962	20	330	4868	4815	21103	20505
1963	20	338	5038	4935	22602	22667
1964	20	335	5041	4938	22398	22668
1965	20	335	5040	5040	22670	23255
1966	20	330	5173	5072	23767	23606
1967	20	308	5190	5089	24150	24481
1968	20	300	5192	5089	25027	25812
1969	20	287	5261	5261	26332	25842
1970	19	284	5352	5352	26647	26362
1971	19	278	5396	5396	27127	26667
1972	19	259	5428	5428	27697	27115
1973	19	259	5472	5472	27705	26609
1974	19	259	5542	5215	28186	27600
1975	19	259	5641	5635	28607	28586
1976	19	256	5782	5574	28914	28357
1977	19	253	5908	5885	29323	29161
1978	19	259	6059	6043	29600	29478
1979	19	266	6126	6126	29355	29355
1980	19	275	6181	6113	29809	29733
1981	20	347	6238	6229	30693	30022
1982	20	349	6236	6236	30648	30648
1983	20	349	6515	6511	31404	31292
1984	20	350	6716	6712	31763	31633
1985	20	350	6813	6803	31975	31870
1986	20	350	7078	7066	32466	32409
1987	22	354	7866	7581	33959	33148
1988	22	354	8284	7988	34709	33925
1989	22	354	8587	8299	36302	35527
1990	22	354	8984	8784	36952	36177
1991	22	356	9414	9044	37564	36800
1992	21	356	9607	9318	38212	37477
1993	22	356	9627	9327	38437	37703
1994	22	356	9487	9327	38804	38067
1995	22	356	9487	9335	38944	38190
1996	22	356	9418	9331	39138	38736

续表 7

年份	村（个）	组（个）	总户数		总人口	
			合计（户）	其中农业户（户）	合计（人）	其中农业人口（人）
1997	22	356	9497	9336	39299	38515
1998	22	356	9513	9340	39377	38595
1999	22	356	9520	9342	39513	38705
2000	22	356	9174	9072	37950	37648
2001	22	356	8970	8908	38220	37950
2002	22	356	8970	8810	38506	38312
2003	22	356	8976	8815	38684	38405
2004	22	356	9051	8840	39952	39549
2005	17	356	9174	8826	40389	38987
2006	17	356	9698	9533	39893	39748
2007	17	356	9604	8632	40624	38706
2008	17	356	9607	8635	41367	39288
2009	17	356	9607	8635	41247	39298
2010	17	356	9620	8685	41286	39598
2011	17	356	9620	8656	41280	39508
2012	17	356	9767	9056	41292	39578
2013	17	356	9565	9056	42328	39396
2014	17	357	9602	9085	42498	39570
2015	24	482	13431	12598	58712	56867
2016	16	482	13423	12603	58053	56188

姓氏 据1986年调查统计，境内有93姓，其中，2000人以上有刘、张、彭、周4姓，1000～2000人有朱、吴、陈、黄、汤、杨、曾、邓8姓，800～1000人有徐、傅、邹、李4姓，600～800人有夏、谢、石3姓，400～600人有叶、罗、姚3姓，200～400人有王、江、胡、冯、康、郑、赖、肖、易、潘、林11姓，100～200人有丁、沈、袁、万、邬、钟、樊、巫、欧阳9姓，50～100人有卜、余、廖、魏、何、文、唐、梁、晏、邱、黎11姓，20～50人有吉、范、谭、温、凌、幸、熊、颜、殷、高、上官、陶、龙、兰、童15姓，10～20人有聂、汪、陆、洪、卢、宋、刁、段、曹9姓，10人以下有柳、许、荣、蔡、游、乔、瞿、顾、舒、甘、郭、皮、宁、蒋、翁、孙16姓。

据2016年初步调查统计，境内有98姓。浦口镇主要姓氏分布状况：刘姓主要分布在王坊、茅坪、贯古、浦口、三铺、保丰、荣坪、仙石、李洲等村；张姓主要分布在花椒、联盟、王坊、浦口等村；彭姓主要分布在保丰、浦口、三铺等村；周姓主要分布在仙石、茅坪、浦口等村；吴姓分布在李洲、泮川、浦口等村；黄姓分布在联盟、三铺、王坊、浦口等村；汤姓分布在仙石、合水等村；陈姓分布在荣坪、王坊、联盟、泮川等村；朱姓分布在李洲、天符等村；邓姓分布在保丰、三铺、花椒等村；曾姓分布在仙石、李洲等村；杨姓分布在花椒、泮川等村；邹姓分布在李洲、浦口等村；徐姓分布在荷花垅、河泉等村；傅姓分布在合水、茅坪等村；余姓分布在泮川、联盟等村。

城镇建设

城镇变迁 浦口镇历来为醴陵东部商品物资的重要集散地之一，明清时期就已逐渐繁荣。清末市街长达 400 米，分上、中、下三街，中街青石板铺路，店面约百家。1944 年日军犯境时毁坏中街房屋 100 余栋。民国末年，有店铺 109 家，房屋 2.4 万平方米。

中华人民共和国成立以后，机关、学校、医院沿街因陋就简新建房屋。1966 年开始，老街拆建断断续续，是一条高低不平的丁字形沿河小街。1970 年后，公社机关、社办企业、学校、医院等陆续在老街西北 1 千米，紧靠 106 国道的官山岭、沿冷水坑至马颈坳公路两侧建设房屋，逐渐形成集镇新区。1985 年 106 国道拓宽后，沿国道扩建新区，老街周边拓展新区。1990 年集镇街区占地 1.46 平方千米，有工商企业 526 家，人口 5091 人。

1999 年编制《浦口镇总体规划（1999—2020 年）》。通过政府引导，按照“转方式、调结构、强基础、惠民生”思路实施小城镇规划。规划目标提前 10 年，2010 年完成。2014 年对浦口镇总体规划进行修编，编制《浦口镇 2014—2030 年镇域总体规划》，确定了浦口未来 20 年小城镇建设发展范围和方向。根据总体规划，全镇总人口达 6 万人，镇区发展的总目标是将浦口镇区建设成为以电瓷、花炮、建材为主，机械、商贸、物流等为辅，功能完善，环境优美，特色突出，宜居宜业的和美镇区。同时明确了“一轴两

浦口老街（2017 年）　　浦口镇政府　供

区五组团”的发展格局，形成对接市中心城区的城镇群示范中心镇。

2014 年，集镇建成区面积由 1990 年的 1.46 平方千米，拓展到 3.76 平方千米，街道进行绿化亮化。有浦东农贸市场、河泉广场、碧泉商业广场等，“一轴两区五组团”的宜居宜业生态城镇，初见端倪。

镇区建设　历史上，浦口为醴陵东部重要的物资集散地之一。成市在明代之前，明清时期逐渐趋向繁荣，至民国已初具规模。

1949 年以后，浦口的城镇建设可分为三个时期。中华人民共和国成立后至 1978 年为第一时期。这一时期受社会经济条件所限，集镇建设发展缓慢，一直以沿河老街为主。

改革开放后至 21 世纪初（1979—2001 年）为第二时期。20 世纪 80 年代初期，浦口开始第一次街道建设高潮。自 1985 年撤乡建镇以后，在紧靠 106 国道的官山岭、沿仙石至马颈坳公路两侧建设集镇新区，兴建了自来水厂，并沿主街修筑 1700 米下水道，建成占地 1.11 万平方米的集市贸易市场。1990 年，投资 11 万元降坡、拉直、拓宽改建长 1700 米、宽 24 米的主街道。投资 12 万元，沿主街道两侧征地 73.4 亩，供进镇农民进镇经商办厂。到 1990 年年末，新镇区 87% 的临街面有建筑物，总投资 875 万元。集

浦口镇商贸街（2018 年） 明日广告 供

镇建筑面积 6.41 万平方米，集镇人口由建镇前的 3400 多人增加到 5091 人，成为全镇政治、经济、文化、交通中心。1991 年 9 月，株洲市授予浦口镇“小城镇工作红旗单位”称号。1993 年完善主街道路面铺设，2000 年人行道植树，美化街道环境。2000 年 8 月 2 日，科技部批准浦口镇为国家星火计划农村城镇现代化建设示范镇。2001 年新建长 500 米、宽 20 米的新辉街；改善浦口综合大市场，形成烟花鞭炮、电瓷电器、建筑材料的集中商业区。

第三个时期为 2002—2016 年。2003 年筹资 350 万元（其中财政拨款 50 万元）用于节水工程、茅星公路、官山至老街下水道改造等 31 个重点工程项目。2004 年，天符村天符路 2.5 千米，李洲村冷金至朱屋 2.2 千米，冷金至邹屋 2.1 千米，茅星路 3.6 千米竣工，形成以 106 国道、冷金路、保山公路为骨架的高标准路网。2010 年筹资 1600 万元，建设日供水能力为 20 万吨的第二自来水厂。2011 年在集镇安装路灯 120 盏。2012 年投资 450 万元修通 4.5 千米下水道，将集镇 2.5 千米的街面改性沥青硬化，路面画线规范。同时开发浦东商贸城。将原浦强水泥厂原有厂区土地进行开发，建设一个集商贸中心、行政中心、电梯房居住小区于一体的综合性商贸城，占地面积 80 余亩，工程总投资 1.3

亿元，至2016年完成一期开发。2012年12月18日，投资350万元，经营面积达3000平方米的农贸市场正式营业，彻底取缔了冷水坑的马路市场。当年还引入天然气，集镇居民全部装上了天然气。2013年，调整镇区建设用地200亩，投资2000万元建设老街综合市场，取缔老街的马路市场。2014年11月，投资6000万元建成总占地面积50亩的集超市、农贸市场、文化休闲于一体的综合型李洲村民集中居住小区。当年又投资300万元提质改造官山敬老院，给入住孤寡老人提供舒适的生活环境。2015年，新建一栋功能完备的便民服务中心，为群众办事提供了极大的便利。

2015年，王坊镇5个村及2个居委会并入浦口镇，浦口集镇建成区形成两大片区，即贯古、天符片区和王坊、联盟片区。

至2016年，浦口镇两大片区中心集镇建成区面积拓展到6平方千米，街道总长15千米，有自来水厂3座，日供水能力21万立方米，有工商企业526家。条条街道绿化亮化，有上规模住宅小区6个。同时建设6.5千米的下水道，60吨生活垃圾焚烧处理示范场，106国道、冷金公路、茅合公路提质改造。以浦东农贸市场、李洲综合市场、联盟市场、河泉广场、碧泉商业广场等组成的“一轴两区五组团”的宜居宜业生态城镇建设初步形成。

经济发展

综合实力 自20世纪80年代开始，浦口经济突破传统的单一农业结构，乡镇企业迅速发展壮大。短短几年时间便初具规模，到1986年，全镇实现工农业总产值4440万元，其中工业占80%。有各类企业637家。到20世纪90年代，浦口就形成以鞭炮烟花为主导产业，电瓷、日用瓷、建筑建材、包装印刷、食品、服装等多种门类的工业体系。1990年实现工业产值1.1亿元，成为湖南省首个企业产值过亿元的乡镇。

进入21世纪，企业经过转体改制和市场经济优胜劣汰法则的洗礼，浦口镇经济进入快速发展阶段，形成电瓷电器、烟花鞭炮、建筑建材、鞭炮机械四大支柱产业，有各类企业300余家，其中规模以上企业53家。2016年，实现地区生产总值57.44亿元。其中第一产业生产总值4.42亿元，占比7.7%；第二产业生产总值35.8亿元，占比62.3%；第三产业生产总值17.22亿元，占比30%。人均GDP达102228元。

浦口古街（2017年）　浦口镇政府　供

农业

历史上，境域居民大都以务农为本。农业历来以水稻种植为主。宋代始种双季稻，至清代，双季稻基本普及，有稻谷输出。但由于受耕作技术和水利条件限制，平均亩产仅300千克。

中华人民共和国成立以后，经过土地制度改革，推广农业科技，农业生产力水平迅速提高。浦口逐步形成以农业为主，林业、畜牧业、渔业、副业全面发展的格局。境域内粮食产量迅速提高。1970年平均亩产458.5千克，1980年726千克，1985年966千克，1990年平均亩产1000千克以上。

20世纪80年代以后，进行了农村经济体制改革，传统农业逐步向现代农业转变。进入21世纪以后，大棚蔬菜、规模养殖成为农业的主体形式。农业机械化水平提高，各种新型专业合作社出现，全面提高农业生产力水平，农产品产量倍增，农民收入大幅提高。2006年开始，先后建成了“早熟黄瓜、蔬菜育苗、早熟葡萄、苗圃”四大农业产业化基地。2014年，全镇有各类种植大户55家，养殖大户23家，新型农业合作组织12个。至2017年，各种专业合作社发展到40余家。

粮食生产　境内以水稻为主的粮食生产模式经历了几次转变：20世纪50年代以前是家庭分散耕作，20世纪50年代末到80年代初的人民公社时期实行大集体生产，20世纪80年代实行土地承包责任制后又恢复到家庭分散耕作。进入21世纪以后，以家庭分散耕作为主，部分土地流转到专业化合作社耕作。由于经济效益下降，水稻种植面积和产量明显减少，大量耕地转为蔬菜、瓜果种植。

浦口镇水稻产量统计表

表 8

年度	总面积（亩）	亩产（千克）	总产量（吨）
1950	14796	351	5193.4
1956	18044	411.5	7425.1
1960	17932	226	4052.6
1965	17932	373.5	6697.6
1970	17932	458.5	8221.8
1975	17932	600	10759.2
1980	18031	726	13090.5
1985	18031	966	17417.9

蔬菜、瓜果产业化 1996 年，全镇种植蔬菜 5025 亩，其中早熟黄瓜 3060 亩，辣椒 820 亩，茄子 680 亩，其他蔬菜 465 亩。专业从业人员约 3000 人，蔬菜总产值 1800 万元，占农业总产值的 20.7%。其中黄瓜产量、收入最高，全镇种植黄瓜 3060 亩，亩均收入达 3500 元，高的达 5000 元以上，总收入 1170 万元。境域蔬菜种植大户多，年均收入在 1 万～ 3 万元有 65 户，年均收入在 3 万～ 5 万元有 15 户，收入在 5 万元以上有 7 户。

进入 21 世纪，境域蔬菜、瓜果种植稳步发展，种植面积基本稳定，经济效益不断提高，为农民带来实惠。2016 年，境内蔬菜种植面积 5120 亩，其中早熟黄瓜 3160 亩，丝瓜 1450 亩，辣椒 510 亩；蔬菜育苗 1000 亩；瓜果和花卉种植 2210 亩，其中葡萄 800 亩，草莓 270 亩，大棚西瓜 490 亩，大棚香瓜 320 亩，火龙果 30 亩，茶树花卉及其他树种育苗 300 亩。以上蔬菜、瓜果及其他经济作物和各类育苗总面积 8330 亩，占全镇耕地总面积的 40%。

境域商品蔬菜、瓜果主要销往长沙、株洲、湘潭、醴陵、岳阳、萍乡、浏阳等各大、中、小城市，并成为一些单位的定点生产基地。

随着蔬菜产业规模不断扩大，蔬菜育苗成为产业发展的重要环节。自 20 世纪 90 年代开始，境域蔬菜育苗逐步走向专业化、规模化，经济效益不断提高。至 2016 年，境域发展到拥有育苗面积 1000 亩，出售蔬菜苗达 8000 万株，育苗产值超千万元。除销往周边各县市外，还远销广东省梅州、韶关、江西萍乡、贵州铜仁，以及广西、四川、湖北等地，年外销量达 6000 万株。

规模养殖 1986 年年底境域生猪饲养存栏量达 1.5 万头。境内拥有养猪专业户 11 家。至 2016 年，全镇养猪专业户有近 50 家，大都是自繁自养模式，年出栏生猪 4.1 万头，存栏 2.8 万头。

水利建设 浦口镇地形狭长，水流落差小。北部为山区，地势高，水随山谷漕沟流向东南，流程短，有农田 504 亩，多沿流分布，成梯形，一般灌溉有余。中部为丘陵区，地势稍缓，有农田 7297 亩，沿溪岸分布，而水源易竭。东南部为平原区，有大小溪流，直达澄潭江，沿岸农田密布，面积 10131 亩，水源充足，历来为醴陵市内水稻高产地区之一。

1949 年以前，镇域水利条件极差，无法确保水稻丰收。每遇干旱，山区水流虽短，但拦溪堵塞泉流辅以山塘井水灌田，如无病虫害，一般可保水稻两熟。

浦口码头（2018 年） 浦口镇政府 供

中华人民共和国成立后，党和人民政府极重视水利建设，经过土改，土地收归国有和集体所有，即协调水利，畅通沟渠，兴修塘坝。1955 年 5 月，保丰村丰田港抽水机站建成，安装 2 台 40 马力柴油机抽澄潭江水灌田。当年获得前所未有的丰收。由于有水利条件的保障，浦口保丰村农民、全国水稻丰产劳模李呈桂种植的水稻获得了破纪录的高产。1958 年 9 月，动员调配浦口、白兔潭、王坊 3 个公社群众兴修境内最大的雪峰山水库，淹没耕地 592 亩、屋基 309 亩。次年 3 月开始受益，基本上改变了浦口的水利条件。此后先后修建的荷叶塘、牛冲等 6 个小型水库，加上 630 口山平塘，总蓄水量增大，水源基本得到保障。地方党政组织不断完善管水用水制度，逐步增加机械电动排灌，使全境基本实现旱涝保收。

标准化水渠（2018 年） 张家亮 摄

1990 年，全境有电动固定机埠 36 处，62 台、

553.5 千瓦，灌溉面积 6552 亩，内燃机 10 台、117.7 千瓦，灌田 210 亩。

2016 年，投资 80 万元为荣坪村修建了新的泵站和水渠，使 1200 亩良田旱涝保收。筹资 400 万元，对 6 座小（2）型水库进行了除险加固。

雪峰山水库。位于雪峰山麓的峡谷处，始称卫星水库，后以山为名。库内平坝开阔，四周为石英砾岩带，山坡陡峻，系天然盆地，宜于蓄水，且地势高，又利流灌，是浦口境域内的水利中心。水库集水面积 16.5 平方千米，正常水位 138.47 米，淹没耕地 865 亩（其中水田 592 亩），总灌溉面积 23100 亩，其中水田 20495 亩。1958 年修建大坝，迁移人口 248 户，1240 人，拆迁房屋 1188 间，完成土方 171.21 万立方米，石方 15.75

美丽的雪峰山水库（2018 年）

万立方米，投工 185.4 万个，总投资 292.96 万元。水库主体工程建设完成于 1958—1960 年，配套工程建设延续到 1984 年完成。受益范围涉及白兔潭镇、南桥镇、富里镇部分镇村。

工业 浦口镇传统手工业生产历史悠久。自 20 世纪 80 年代开始，浦口工业快速发展，集体企业、联合体个体企业遍布全镇，成为境域经济的主导，工业产品销往国内外。1991 年，浦口镇实现工业总产值超亿元，鞭炮烟花成为全镇主要支柱产业。进入 21 世纪，浦口镇逐步形成电瓷电器、鞭炮烟花、建筑建材、机械制造四大支柱产业。工业经济实力在醴陵市、湖南省乡镇中位居前列，成为工业强镇。

明日广告 供

商贸服务业

商业　清末至民国时期，浦口老街有店铺百家左右，主要经营本地农副产品及手工业产品，如粮食、生猪、夏布、鞭炮等。尤以鞭炮外销兴旺，出现多家知名炮庄，大量收购鞭炮外运至武汉、广州、香港等地销售，年销 2 万余箱。

1950 年以后，浦口商业发展，大体经历了合作供销、独家经营、体制改革 3 个阶段，至 20 世纪 80 年代以后逐步繁荣。到 1986 年，大桥居委会辖区计有供销、国药、卫生、兽医、肉食、信用、邮店等 21 个国营、集体企事业单位；有商业、修理、运输、建筑、服务、造纸、医药、鞭炮、湘绣等 27 个行业；从事商业经营的 41 户，运输业 2 户，肉砧 14 张。集镇新区官山岭居委会辖区经过统一规划，形成宽 12 米，全长 1.5 千米的商业街，沿街有各类店铺百余家。村民进镇建房的有 72 户、760 人，集镇常住人口 5699 人。全镇各村已办证的工商户 335 户，其中商业户 187 户。

至 2017 年，全镇形成两大商业片区，即以贯古社区和天符社区为主的中心商业区，以王坊社区和联盟社区为主的次中心商业区。各村还形成 18 处小型连片或连线的商业街。全镇共有登记在册的商业经营户 2300 多户。

浦东商贸城（2017 年）　　　　张文祥　摄

集贸市场 民国时期，境内墟场已成规模，每场人数多则6000人以上，少亦不下3000人。此后经历多次关闭、恢复。1978年以后重新恢复，逐渐繁荣。1988年在新街建成集市贸易市场，占地1.11万平方米，棚户2500平方米，农历每月逢二、七日，远近村民和外地客商云集，每次墟场达万人。2012年年底，浦东商贸城集贸市场开业，占地2.1万平方米，户内占地3000平方米。2014年，李洲村综合小区农贸市场建成开业。2016年荷花垅村设立农贸市场，农历每月逢三、九日赶集。

服务业 自明初以后，浦口境域内服务业门类齐全，如饭馆、裁缝、雕刻、补锅、阉割、油漆、理发、油榨，以及各种工匠铺大都齐备。进入21世纪，大部分传统手工服务行业逐渐消失。旅店、美容美发、休闲娱乐、修理业、快递业发展较快，为人们生产生活提供服务。

社会事业

文化体育

群众文化体育 清末至民国期间，浦口镇境内民间文化娱乐活动主要有花鼓戏、狮灯、星子灯、竹马灯、鱼灯、蚌壳灯、土地灯、打春锣、龙灯、神灯、龙船、大戏、影子戏、出故事、话剧等。境内体育运动项目主要有体操、乒乓球、跳绳、踢毽、赛跑等，后来发展有篮球、排球、棋类等，主要在学校中推行。民间时有打麻将、跑胡子（即纸牌）、掷骰子、摸骨牌、跳三翻等，无不转向赌博。

中华人民共和国成立以后，人民政府重视文化事业。1952年7月在浦口老街后区驻地麦子坝创建东乡片文化站，全境始有文化机构，组织翻身艺人对传统剧目进行改进演出。1953年，境属河泉乡建成醴陵县第一个农村俱乐部。1958年在集镇兴建一栋可容纳1500人的礼堂，兼作为剧院，始有固定的文化娱乐场所。1964年境内剧团解散。1981年投资22万元重建新影剧院，在前栋大楼复设文化站，除办理电影、剧团及镇上

星子灯（2018 年） 浦口镇政府 供

的文艺演出外，渐次扩展到广播室、展览室、台球室、游艺室、学习室、电视室、图书室等。其中，图书室有图书 5347 本，杂志 47 种，隔日开放。1986 年荣获株洲市先进图书室称号。当年镇文化站有固定管理人员 6 人，临时工作人员 3 人。

此外，镇村中、小学及工厂企业亦扩建礼堂、操场、球场等，增加了民间文化场地。1983 年 2 月，浦口自筹资金 5000 元，建功率 10 瓦电视差转台。1992 年，浦口镇文化站筹资 10 万元，举办音乐、舞蹈、书画、武术、球类比赛等全镇性大型活动 8 场。组建电声管弦乐团、群众文艺演唱团、东方武馆、武术协会等业余文艺、体育团队 4 个，开辟 300 多平方米的武场，多功能文化楼、万册图书馆，建立农民铜管乐队，有固定资产近 30 万元，农民铜管乐队参加湖南省“洞庭之秋”文艺节目调演，获一等奖。

1993 年 11 月，浦口镇农民铜管乐队迅速发展，涌现一大批农民铜管乐爱好者。全镇先后组建了 7 个铜管乐队，经常在浦口及周边地区以及醴陵、株洲等地开展演奏活动。

浦口镇因此被湖南省文化厅命名为“农民铜管乐之乡”。

1995 年，全镇有 6 家卡拉 OK 厅，1 家电子游戏室，7 支农民铜管乐队，4 支电声乐队，15 个锣鼓班、小戏班。年内举办大型群众文艺活动 15 场次，组织或参与庆典活动 220 多场。全镇人均看电影 7 场，年底被湖南省文化厅评为湖南省百强集镇文化站。

1997 年，湖南省文化厅授予浦口镇“群众文化艺术之乡”称号。

1998 年，投资 16 万元，开展有线电视进山区工作，雪峰山库区有线电视分站开通，使山区 5 个村 2200 多人能收看中央、省、市电视台节目。当年镇文化站达到合格乡镇文化站的标准，株洲市人民政府给予 1 万元奖励，并评为株洲市明星镇文化站，同时评为湖南省百强文化站，浦口镇评为全省群众艺术之乡。

1999 年，浦口镇被评为湖南省亿万农民健身活动先进乡镇。

2011 年，荷花垅村投资 220 万元，兴建文化室，建筑面积 403 平方米，内设图书室、综合娱乐室、多功能厅、文化信息共享服务室，配齐了各种器材器械、图书等。

2012 年，境域内有民间文艺组织 20 支，镇文化站被评为株洲市先进文化站。

2014 年 10 月，获文化部颁发的“一级乡镇综合文化站”称号。

建国武术馆（2018 年） 明日广告 摄

镇文化站图书室（2018 年） 张家亮 摄

电影放映 20 世纪 50 年代中期，浦口境内始有电影队来乡放映。1978 年，公社成立电影队，上山下乡，露天流动放映，每年达 500 场次，按场收费。1981 年新建浦口影剧院于新街后，再结合剧团演出，始有正式演出场所。遇有精彩影片或戏剧演出，有时日夜各演一台，有时可轮演或连放 3 ~ 9 场，按人售票。电影机增至 2 部，由小银幕到宽银幕放映，固定工作人员 5 人。除院内放映外，可随时到村组放映。1986 年成立录像队，有 20 寸彩色电视机 5 部，既在院内放映也出外流动营业。自 1984 年起，个体及联营影业商户开业，村民看电影更加方便，只是影片周转量时有不足。20 世纪 90 年代以后，黑白电视机与彩色电视机不断进入各家各户，电影观众逐渐减少。

20 世纪 70 年代的学校（1979 年） 浦口镇政府 供

广播电视 1960年工业输电线路架线到浦口后，浦口人民公社始安装40瓦的扩音机，广播与电话共线。1965年在碧泉村试点，安装一台100瓦的广播机，并架设专线3千米。1970年，浦口人民公社安装一台150瓦的广播机，正式建立浦口广播站。随后在花椒、山塘、李洲、天符、三铺、茅坪、仙石、东方、合水等16个村先后接通广播，延伸专线8千米。其间，收音机开始进入农户家庭。到1982年，广播站建点21个，有专线98千米。至1985年，全面架设各村广播专线，并改旧木杆为圆形水泥杆。共计装高音喇叭36个，入户喇叭5541只，覆盖率95%，基本实现了村村通广播，组组有喇叭。1992年达省级合格标准。有线广播对农村宣传政策、普及农业科技知识、传递各方信息发挥了重要作用。20世纪80—90年代，黑白电视机开始进入农户家庭。以后，农户家庭开始拥有彩色电视机。进入21世纪，电视机基本普及，农村有线电视迅速发展。镇广播站工作转向有线电视服务。有线广播业务逐渐停止。

教育

“老学” 清末以前，浦口境域只有民间私塾。小学教育始于1911年，有普口市天后宫独办的乐英小学及木梓树下众姓所办的储英小学。风气既开，各地借用祠庙为校舍，以神祖祀会田租及捐募充经费，陆续开办学校。当时，人称之为新学，而称私塾为“老学”，一时间新、老学共存。塾师教初入学者为“蒙馆”，旨在识字、写字。教本为《三字经》《百家姓》《增广贤文》等。至小学初步普及，私塾即已消失。1941年，成立渌仙乡中心小学，校址设在浦口市润园（亦称善园），境域始有高级小学。学校开设公民、国文、算术、地理、历史、自然、体育、美术、音乐等课。自此，入高小，得以升入中学者日益增多。

小学 中华人民共和国成立以后，浦口教育进入快速发展时期。各村先后建立小学，满足农家孩子入学需求。20世纪60—70年代，基础教育稳步发展，小学教育逐步普及。1980年，各村小学恢复六年两级制。

1984年，小学7～12岁儿童入学率为99.8%，在校学生巩固率99.5%，12～15周岁少年儿童中，小学普及率99.08%，毕业班学生毕业率95.03%。“四率”均超过普及小学教育的部颁标准。

到1986年，全镇已有合水、仙石、保丰、三铺、李洲、天符、河泉、碧泉等6年制完全小学8所，合水等3年制初级小学10所。有公办教师59名，民办教师126名，共有初小、高小两级学生4051人，当年儿童入学率为99.4%，巩固率为99.6%，及格

天符中心小学（2017 年） 张文祥 摄

率为 97.5%。由于 1990 年前后人口出生高峰期导致 1996 年新生入学人数达最高值 1300 多人，以后逐年减少，至 2002 年，由于生源普遍减少，一批村小学先后撤并。但小学入学率始终保持在 100%。

2015 年，天符中心小学新建教学楼一栋，建筑面积 1100 平方米。全镇各校新添课桌椅 800 套，多媒体室桌椅 200 套，高标准配置移动式多媒体电子白板，实现“宽带网络校校通，优质资源班班通，网络学习空间人人通”。当年 10 月行政区划调整，原王坊镇联盟社区、王坊社区、荷花垅村、泮川村、石山村并入浦口镇，其所在地学校均并入浦口中心学校。

中学 浦口境内首办中学是在 1958 年，创办浦口公社民办中学和浦口公社花桥农业中学。1969 年由浦口市完小改办浦口公社中学。1997—1998 年，每年招 14 个班，全镇基本普及初中。2002 年达到高峰期，浦口中学设三铺、河泉、仙石三个分部，共 54 班 3404 人，教师 201 人，是全市最大农村乡镇中学。浦口中学先后被认定为醴陵市重点初中、湖南省合格初级中学、株洲市农村基础教育合格学校。1997 年 10 月顺利通过“两基”验收。2009 年被评为全国教育系统先进集体，2010 年为全省示范中学，2013 年被省教育厅授予湖南省生态文明示范学校称号，2015 年中考成绩居醴陵市前列，获评醴陵市教学质量先进单位。

学前教育 进入 21 世纪，浦口镇学前教育得到较快发展。由以前只有城市孩子进幼儿园，转为农村小孩普遍进幼儿园。到 2011 年，全镇有幼儿园 15 个（含小学学前

阳光宝贝幼儿园（2018 年） 张家亮 摄

班），其中民办 7 个，在园幼儿 1687 人，有幼师 105 人。到 2016 年，有幼儿园 23 个，其中民办 13 个，在园幼儿 2712 人，有幼师 145 人。

医疗卫生 1924 年前后，浦口仅有张、周、熊姓私人开办的几个祖传中医诊所，另有药店十余个。由于医疗条件差，普遍缺乏医药、医疗器械，境域时有流脑、乙脑、麻疹、天花等传染性疾病流行，不少人被夺去生命。

中华人民共和国成立后，人民政府重视医疗卫生事业。1952 年，花椒村老中医张茂全等 6 名中医，自筹资金，自负盈亏，筹办药店，在浦口市杉仙庙开设集体联合诊所，后迁至李洲黄氏宗祠，规模逐渐扩大。1957 年有医务人员 15 人，开始实行中西医结合诊治。

1958 年，原联合诊所改为浦口公社卫生院。各大队分设卫生所，人员由新培训的赤脚医生充任。境域先后有白喉、麻疹流行。1970 年，改名浦口医院。1971 年，院址迁到浦口新街建立新院房，占地 640 平方米。当时全镇有合作医疗机构 16 个，乡村医师 38 人。药店 3 家。

1990 年，建成村级卫生室 18 个。自 1995 年起，对 0 ~ 4 岁儿童实行强制免疫，投服糖丸，顺利消灭灰质脊髓炎。卫生院同时对婴幼儿接种卡介苗等 4 种疫苗。

1996 年，实行农村卫生一体化管理。改镇卫生院为中心卫生院。1997 年晋升为二级甲等卫生院。

2014 年，加强农村环境卫生综合整治工作，各村聘请专职保洁员，加大硬件设施投

入，全镇卫生状况发生根本转变。2014 年 9 月 17 日湖南日报《美丽乡村》栏目以《腾飞浦口、醉美乡镇》为题，高度评价环境整治成效。2014 年 11 月，浦口镇成功创建省卫生镇，碧泉、贯古为省卫生村。

2017 年，浦口镇中心卫生院有医疗各类专业技术人员 26 人，其中，中级职称 2 人、初级职称 24 人。设综合性住院部、药房、检验室、B 超室、放射科、基本公共卫生科，配备 200 毫安 X 光机、B 超、多参数心电监护仪、心电图机、尿液分析仪、洗胃机、血细胞分析仪等医疗设备。全镇下设 29 个村卫生室，配备乡村医生 29 名，均达到了规范化建设。

2017 年，为全镇 4234 名老年人进行健康检查，对 561 位贫困户进行医疗救治，并在辖区内全面进行家庭签约服务。

社会保障

自 20 世纪 90 年代开始，社会保障事业发展迅速，主要开展就业、社会保险、劳动权益保护等工作。

就业工作 组织全镇就业困难人员、被征地农民与用人单位对接，按需分配，适时组织培训上岗，为镇内劳动力铺设就业通道。至 2016 年，全镇各类企业提供就业岗位 26283 个。

村级便民服务中心（2018 年） 张家亮 摄

社会保险 2004年实施农村社会养老保险制度，全镇60岁以上老人首次领取养老保险金55元/月。此后，随着物价提高，养老金也逐步提高至75元/月。2005年，镇劳保站被定为湖南省劳动人力资源直报示范点。9月在全市率先完成社会养老保险扩面工作。参保771人，成为全市完成任务最早，参保率最高的乡镇。

2006年开始，实施新型农村合作医疗保险制度，实行大病医保。同年实施农村最低生活保障制度。当年全镇享受农村低保者85户，201人，发放低保金人均1500元。

与此同时，完善低保审批机制，对贫困户实行动态管理，全面公开公示，做到应保全保，一户不漏，不合条件，全部核减。2016年核减低保户127户，268人；全镇低保993户，1988人，发放低保资金267.6万元，发放重点优抚对象救助金170万元。

落实计划生育奖励扶助政策，2016年全面落实计生奖励扶助政策，奖励扶助对象155人，发放独生子女费2760元。

2016年年底，全镇有60387人参加各项保险，其中参加城乡居民基本医疗保险40093人，参加养老保险20294人，企业则为就业人员购买工伤保险。

养老服务 1953—1955年，镇内五保户由农业社包工代耕，1956年，生活费用由农业社在公益金和社会减免部分解决。1960年起，由生产队解决基本口粮和食用油。

1986年，镇政府筹资35万元在新街建敬老院，建筑面积2100平方米，集中供养五

老年人活动（2018年） 浦口镇政府 供

养老院基础设施（2018 年） 张家亮 摄

保老人 68 人，由村民小组供应口粮 300 千克及食油 3 千克。敬老院建成后一直集中供养全镇老弱病残五保老人，常年保持 35 人（减员再补充），每年开支近 6 万元，其费用由镇、村、组负担。敬老院也种菜、养猪、办厂，积极创收。1990 年起，市民政局给每人发棉衣棉裤、棉鞋及布、生活补助 10 元。

2002 年 9 月起，在农村五保户供养不变的情况下，财政按每人每月 30 元标准转移支付。

2006 年浦口敬老院院长彭喜平被民政部评为“全国孝老敬老之星”，2007 年又获市表彰奖励。2014 年投资 300 万元改造浦口敬老院。2013 年王坊筹资 400 万元新建一座占地 7000 平方米，建筑面积 2500 平方米，床位 100 张的敬老院。2015 年王坊敬老院获评湖南省民政厅 2015 年度“三星级农村五保供养服务机构”。

2016 年，全镇有五保户 345 户、362 人，每月发放五保资金 17.4 万元。

王坊敬老院（2017 年） 张文祥 摄

工业强镇

曾经的浦口拥有丰富的工业基因，鞭炮生产有千余年历史，传统手工业基础良好。伴随着祖国改革开放的铿锵步伐，浦口工业飞速发展，成为当今国内知名的电瓷生产基地和花炮之乡，是名副其实的工业强镇。

传统工业

发展源流　浦口境域有石灰石、瓷泥、匣泥、煤炭、沙金等矿藏。自清朝至20世纪50年代以前，有工矿业主及个体手工业者组织开采，出产石灰、煤炭、陶器、匣钵、黄金等。

历史上，境域内手工业作坊主要有酒、粮、酱、豆腐、饮食、肉丁、牲畜、鞭炮、药材、染布、铸锅、钉鞋、布鞋、伞、造船、木器、篾器、刺绣、缝纫、铜器、银器、铁器、衡秤及饭馆、香烛铺等，多集中在澄潭江畔的浦口市老街，间或分布于沿官路村中，包括木梓市、三铺街、蛇形咀、冷水坑、茅坪市、仙石、尚堡冲、合水口等地。鞭炮挂牌作坊，自清咸丰年间（1851—1861）即开始畅销本境及周边地区，尤以浦口市老街赖吉昌一家最著名。

民间个体手工业者，以泥工、木工人数居多。民国初年，河溪头能工巧匠陈盛芳兄弟，因砌安源煤矿烟囱及建醴陵渌江石拱桥，即为县人所推崇，名驰业广，以至入门学艺与之从事承包建筑工程者不断增加。民国初，境内夏布外销兴旺，织布工较多。此外，裁缝、雕刻、补锅、油漆、理发及鞋、袜、油榨、铜铁以及纸扎等工匠，大都齐备。

旧秤店（2017年）　张家亮　摄

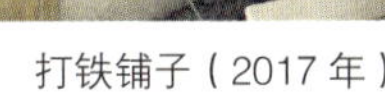

打铁铺子（2017年）　张文祥　摄

传统花炮生产工具（2017 年） 张家亮 摄

农户家庭手工副业，历为纺纱绩麻、养蚕。但至清末，已普遍转向鞭炮生产，一般无正式厂房，均由各经营业主散发至各家各户，名为做“拨货”，其制作工艺，系清咸丰年间（1851—1861），从浏阳金刚头引进，渐推至境内仙石、李洲、荣坪以至全境。据民国《醴陵县志·工商》载：1921 年春，县境奇荒，各乡饥民纷纷他乡就食，唯东三区（含浦口镇境域）以业鞭炮之故，无一人逃荒。足见经济已很发达。最盛时，浦口鞭炮年产量可达 2000 箱。同时，与之配套的制硝、制引、刷制红绿纸等工艺也得到发展。鞭炮经销商有浦口市老街邓泉仁经营的客香生鞭炮庄、三铺潘先恢开设的永庆美炮庄等，全都雇员从事收购鞭炮，并派有专人驻广州、香港等地，出口销售到南洋等地。后因战乱陷入萧条，其他各业也受挫严重。直到民国末年，仍未恢复。

中华人民共和国成立初期，国营集体工业有匣泥矿、县二轻公司家具厂、县竹木场等。20 世纪 50 年代以后，境域工业经济成分主要经历个体、集体、联营、私营、股份等形态。

1949—1957 年境内手工业者，自愿走互助组、合作社道路。于 1953 年开始组织无固定形式的各类手工业合作组、社，单独核算。其中鞭炮业，被列为迷信奢侈品一度受到限制。1956 年冬，境内农业高级合作社成立，为筹集生产资金，恢复鞭炮生产。

镇（社）办工业 在 1958 年的“大跃进”和人民公社化中，手工业者和所有劳力一道，全部调去大办工业，虽然兴办了一些社办工矿企业，但都以亏损而告终。1962 年实施“调整、巩固、充实、提高”的方针，境内合作工业得到恢复发展。1964 年 2 月正式组建了属于公社集体所有的第一个浦口鞭炮厂，继之发展为出口花炮厂。李洲、花椒、保丰等村相继创办村办鞭炮厂。为保障安全，鞭炮厂需经公安机关批准，生产队以下的联合体及个体户不得生产。1964 年，浦口公社购进电力机械，并先后建立小型碾米厂等。1965—1966 年，又先后创建浦口手工业联合厂、浦口工程队、浦口搬运队以及官山口、冷水坑匣泥厂、砖瓦厂等 5 个社队集体企业。1966 年，社队企业有干部 30 人，生产工人 803 人，全年完成产值 26.82 万元，发放工资 8.38 万元，实现利润 2.26 万元。1966 年 5 月，公社专设工业办公室，管理社队集体企业。1966—1976 年，主要社（镇）办企业有：浦口天符茶场、浦口砖瓦厂、浦口工业瓷厂、浦口日用瓷厂、浦口仙石煤矿、浦口花桥铁矿、浦口石灰厂、浦口农机厂、浦口农机站、浦口农肥厂、浦口畜牧场、浦口化工厂。

至 1976 年年底，社办企业有管理干部 80 人，生产工人 1446 人，全年完成产值 287.07 万元，发放工资 75.59 万元，缴纳税金 10.41 万元，实现利润 32.68 万元。

1978 年年底实施改革开放以后，企业开始转型。企业生产和工资报酬改为计件到人或定额承包，利润分红，超产奖励，调动了工人的生产积极性，企业得到较快发展。一批镇（社）办企业及时调整生产经营门路，适应市场发展需求。主要有：

浦口农机厂，1980 年改为浦口纸箱厂。

浦口搬运队，1981 年并入瓷厂，1985 年又划出并入新建的综合厂。

浦口针织厂，1982 年建，1983 年停产。

浦口日用瓷厂，1982 年转产电瓷，1986 年又分为浦口日用瓷厂、浦口电瓷厂。

浦口农机站，1982 年改为汽车队。1984 年农机站恢复，汽车分别转给瓷厂、纸箱厂、电瓷厂等企业。

浦口鞭炮烟花公司，1984 年 7 月成立，公司办公地点设在浦口乡政府企业办公室，先后组建综合商场、供销经营公司（后改为浦口工业公司）。1986 年成立浦口鞭炮烟花公司。

由于生产力得到解放，镇（社）办企业迅速发展，村（队）办、联营、个体企业亦有较快发展。到 1986 年，全镇企业职工总人数达 14209 人，当年企业产值 5002.5 万元，企业总纯收入 1957 万元，完成利润 242.2 万元，缴纳税金 411.5 万元，发放工资 705 万元。

20 世纪 80 年代至 90 年代中期，是镇办集体企业发展的高峰。浦口集体企业在发展地方经济，促进社会发展诸方面发挥了重要作用。但是，由于经营管理体制的局限性，集体企业先后陷入困境。此后，集体企业经过改制、转型，逐步退出历史舞台。经过市场的优胜劣汰，私营企业、股份制企业成为地方经济主体。

原浦口出口花炮厂厂址（2018 年） 张家亮 摄

村办工业 浦口镇村（队）办工业始于 20 世纪 60 年代。最初各村先后建有小型动力机械碾米厂。1964 年公社兴建鞭炮厂后，李洲、花椒、三铺 3 个村即相应兴建了村办鞭炮厂。但由于当时在大集体体制下，农业劳力限制在队（组），报酬实行平均分配，企业发展缓慢。20 世纪 80 年代初实施改革开放，农业全面实行家庭联产承包责任制，生产力得到全面解放，于是以鞭炮为主体的村办工业迅速发展，全镇各个村都先后办起了鞭炮厂。围绕鞭炮材料的需求，又先后创办碧泉引纸厂、贯古引纸厂、天符烟花材料厂以及一些硝厂、染纸厂等。至 1985 年，全镇经批准为定点单位的村办（含居委会）鞭炮厂共有 22 个，浦口成为名副其实的鞭炮烟花之乡。

定点单位的鞭炮产品，主要由外贸及供销部门所属烟花公司计划收购与经营。定点单位在完成计划任务外，实行自销。随着鞭炮产业迅速发展，生产经营呈现繁荣景象。其中，一直经营管理较好、经济社会效益显著者首推李洲村。该村 3100 人，人均土地仅 0.6 亩，为解决剩余劳动力出路，队干部筹集资金 300 元，再向信用社借款 500 元，挑选几个有做鞭炮技术的能手，购置几件简单工具，即开始办厂。经过 20 多年发展，李洲花炮厂成为一家有较大规模和影响力的鞭炮烟花企业。该村利用企业收入先后建起了商场、碾米厂、炼硝厂、染纸厂等，还架设了 10 千米输电线，解决了全村照明和生产用电问题。

村办鞭炮厂在创办之初，都普遍不受辖区界限制，直接将半成品承包到千家万户加工。于是，做引、插引、剂引、扯筒、腰筒、结鞭等作业流程，由各家各户以做“拨货”形式承包，不分男女老幼组成家庭工坊，使其成为家庭收入的主要来源。

在市场竞争中，鞭炮烟花的管理工作一度滞后。如生产上的盲目性，有时出现以次充优，以假乱真，相互转手买卖等，造成有损声誉及销售不畅等后果，到 1986 年冬，一些企业出现亏损。

1986 年年底，全镇有村办企业 78 个，比 1978 年的 36 个，增加一倍多。具体情况对比如下。

1978 年、1986 年浦口镇村办企业情况表

表 9　　单位：个

年份	鞭炮	加工	养殖	种植	运输	匣泥	染纸	硝厂	服务	其他
1978 年	12	13	3	3	—	3	1	1	0	0
1986 年	22	20	1	—	1	1	1	3	13	16

1986 年，全镇村办企业在职人员 2600 人，完成企业产值 1751.87 万元，发放工资 256.928 万元，拥有固定资产 116.2614 万元，缴税 148.744 万元，实现利润 54.134 万元，积累企业基金 345153 元，实现总收入 1002.22 万元。

村办集体企业与镇办集体企业一样，经过 20 世纪 80—90 年代的快速发展后逐步走向衰落，最终被私营个体、股份制企业所取代。

1986 年浦口镇各村企业生产经营情况表

表 10

村名	企业人员（人）	完成产值（万元）	发放工资（万元）	固定资产（元）	缴纳税金（元）	利润（元）	企业基金（元）	总收入（万元）
保丰	174	765	17.59	24831	65600	18000	—	61.2
三铺	167	83	19	36324	20100	21000	8600	74
李洲	446	205.4	44	218500	460000	105000	30960	260
天符	322	201	25.66	437000	80000	91400	—	161

续表 10

村名	企业人员（人）	完成产值（万元）	发放工资（万元）	固定资产（元）	缴纳税金（元）	利润（元）	企业基金（元）	总收入（万元）
荣坪	157	80	17.6	63500	112000	27200	89600	40.28
河泉	183	62.5	10.65	54229	99500	4500	54037	55.27
山塘	220	55.5	13.14	45700	74600	65500	—	55.13
花椒	95	58	10.2	28600	66000	80000	6500	35.2
农场	35	8.2	2.296	12908	3900	880	998	3.47
冷水	145	41.8	6.774	34118	16890	29400	39716	15.2
碧泉	215	15.1	55.98	46127	309800	43470	62553	135.7
贯古	60	33.2	5.434	26360	28550	8720	700	17.44
茅坪	124	51	7.2	39621	18000	17200	3769	14.5
仙石	30	15	1.95	2276	—	—	—	—
东方	72	11.7	2.19	26300	3000	15000	10000	13.82
雪峰	17	1.38	—	8700	54000	—	—	—
卫星	46	20.19	7.968	5000	43000	1200	545	15.15
合水	47	14.6	4.63	28370	22000	2300	3000	11.5
烟狮	12	1.3	0.65	7000	3900	1200	3000	1.1
邹境	23	8	3.1	8000	6600	4000	4100	6.8
浦口镇	10	20	0.916	9150	—	5370	27075	25.46
合计	2600	1751.87	256.928	1162614	1487440	541340	345153	1002.22

联营、个体工业 中共十一届三中全会后，随着市场开放，农村经济体制改革，农民可以经营工商业等，联营、个体工业得到迅速发展。最早初具规模的联营企业有老街雪洞王祖建为主创建的经济联合体，成员 22 户、130 人，44 个劳动力，集资 2 万元，办起“三厂一店”（冰厂、硝厂、纸厂、商店）。1983 年产值 16 万元，利润 2.5 万元，户均分红 1136 元。此外还有同为工商联合体的浦口大桥造纸厂、集资入股的浦口新街糕点厂等，发展都较稳定。1983 年，全镇此类联营企业为 12 个，到 1984 年增至 44 个。

个体企业中，较普遍的是围绕烟花鞭炮生产提供所需的原料，各村大多建有鞭炮引厂、鞭炮引纸厂以及红绿染纸厂等。另有少量修理厂、食品加工厂等。

在市场经济优胜劣汰的法则下，联营、个体工业有起有落，有的不断发展壮大，成为真正的企业主体，并逐步发展成颇具规模的股份制企业和私营企业，有的则不得不关停倒闭，另谋出路。

电瓷工业

电瓷产业是浦口镇重点培育发展的新兴产业。20 世纪 70 年代末，浦口依托醴陵传统陶瓷产业优势，派员到国营醴陵电瓷厂学习电磁生产技术，创办了浦口第一家电瓷生产企业，经过近 40 年的发展壮大，浦口电瓷产业从无到有，从小到大，从弱到强，成为浦口重要的支柱产业。至 2016 年，全镇拥有规模以上电瓷生产企业 10 家，浦口成为国内知名的电瓷生产基地之一。

发展历程 1980 年创办的浦口电瓷厂，前身是浦口日用瓷厂电瓷分厂，属浦口公社办集体企业。1979 年，浦口日用瓷厂派员 9 人到醴陵电瓷厂学习。当年浦口公社企业办公室投资 20 万元，购置 1.5 吨球磨机 3 台，搅拌机 3 台，204 旋坯机 4 台，压机 1 台，双缸泵 1 台，650 榨泥机 2 台，建一栋制泥车间，面积 320 平方米，一座高 32 米的烟囱，基本形成一套机械化制作流程。1980 年投产，开始生产低压电路电瓷，10 千伏以下针式瓷瓶。1981 年开始生产高压线路电瓷，主要产品有：10 千伏以上针式瓷瓶（P-6、P-10、P-15、P-20），悬式瓷瓶（3T、4.5T、7T 普通型和防污型），拉井瓷瓶（3T、6T、10T、12T、16T）。当年生产电瓷 30 吨，产值 15 万元，销售 14 万元，税金 0.64 万元，销售利润 0.98 万元，发放职工工资 1.5 万元，在厂职工 32 人。

1982 年，获湖南省水利电力厅安排的 150 万元的低息贷款，浦口电瓷厂进行扩建。当年投资 80 万元，建成一条配套的高压电瓷生产线。兴建厂房 1500 平方米，包括制泥车间、成型车间、烘房、窑炉车间、锅炉房、检验包装车间、水塔。新购置机械设备有：1.5 吨球磨机 4 台，抽浆泵 2 台，250 粗练机 1 台，350 真空练机 2 台，204 修坯机 4 台，横车修坯机 1 台，两吨锅炉 1 台，80 立方米圆窑 2 座，32 米高烟囱一座及其他工程设备，实现主要工艺流程机械化。主要产品有：高压线路瓷系列，高压空心绝缘子瓷套系列，35 ～ 110 千伏互感器避雷器、断路器、电容器等瓷套。

浦口电瓷产品（2017 年） 张文祥 摄

为促进浦口电瓷产业发展，1986 年 10 月，浦口镇政府将电瓷分厂从浦口日用瓷厂中分离，正式成立浦口电瓷厂，为独立生产经营的法人单位，属浦口镇属集体企业。浦口电瓷厂占地面积 8600 平方米，有厂房面积 3200 平方米，企业总资产 160 万元，其中固定资产 90 万元，流动资金 70 万元，从业人员 68 人，年生产电瓷 496 吨，产值 248.5 万元，销售收入 243.2 万元，缴纳税金 18 万元，利润 40 万元，发放工资 23.87 万元。

1987—1995 年，浦口电瓷产业进入快速发展期，生产规模不断扩大。1987 年，浦口电瓷厂成立科研小组，加强产品研发，设备不断更新，产品等级由 110 千伏电压等级上升到 220 ~ 225 千伏电压等级、空心绝缘子系列瓷套。产品由 20 多个发展到 200 多个。1995 年生产电瓷 1726.6 吨，产值 1036.48 万元，销售额 1229.54 万元，缴纳税金 112 万元，利润 82 万元，发放工资 123.54 万元，在厂人员 638 人。

1996 年，浦口电瓷厂部分产品出现质量问题，产量销售滑坡，企业出现经营性亏损。是年 6 月，实施企业改制，原浦口电瓷厂一分为五，重新组合。原三铺电瓷厂区、电瓷厂老厂区、育才电瓷厂区、贯古线路瓷厂区、茅坪耐火材料厂区，分立为 5 个单位。以厂内人员自由组合、内部集资、债务分摊等形式，分别成立法人单位，独立生产经营，并全部转型为股份制企业。经过改制，新成立 4 家电瓷企业：浦口华鑫电瓷有限公司、浦口育才电瓷有限公司、浦口电瓷有限公司、浦口浦高电瓷厂。企业重新焕发生机。当年生产电瓷 2608 吨，产值 1304.39 万元，销售收入 1589.89 万元，缴纳税金 142

电瓷产品检测（2018 年） 张家亮 摄

万元，在厂职工 780 人，发放工资 185.5 万元。

1997—2004 年，全镇有电瓷生产企业 13 家，其中规模以上企业 6 家，分别是醴陵华鑫电瓷科技股份有限公司（由浦口华鑫电瓷有限公司更名）、浦口电瓷制造有限公司、浦口华高电瓷有限公司、浦口电瓷有限公司、浦口华能电瓷有限公司、浦口华银瓷业有限公司（福利企业）。7 家规模以下企业：浦口华通电瓷有限公司、浦口浦高电瓷厂、浦口科达电瓷电器制造有限公司、浦口三菱电瓷有限公司、浦口德洲电瓷厂、浦口军力电瓷电器有限公司、浦口华湘电瓷厂。随着浦口电瓷产业规模扩大，产品不断升级，规模以上企业产品等级由 110 千伏电压等级上升到 1000 千伏及其以下等级系列产品。主要产品有 9 大系列、2000 多个规格品种，110 ~ 1000 千伏空心绝缘子瓷套成为主导产品。2000 年，全镇生产电瓷 8975 吨，产值 5385.35 万元，销售收入

电瓷产品试验（2018 年） 张家亮 摄

5637.84 万元，缴纳税金 506.84 万元，利润 235.6 万元，发放工资 810.6 万元，在厂人员 2135 人。

2001—2010 年，浦口电瓷产业获得更快发展，产品等级和质量大幅度升级。醴陵华鑫电瓷科技股份有限公司研制生产出世界电压等级最高的 1000 千伏电容式电压互感器瓷套，1000 千伏变压器瓷套。至 2010 年，全镇 13 家电瓷生产企业，在厂职工 2090 人，主要产品为 35 ~ 1000 千伏的各种电瓷瓷套。部分产品大量出口，空心绝缘子瓷套销售量居全国同行业首位。

2010 年，全镇生产电瓷 63829 吨，产值 41489.2 万元，销售收入 37202.05 万元，出口创外汇 9968.7 万元，缴纳税金 3392.08 万元，利润 3792.59 万元，发放职工工资 4437.07 万元，职工福利 360.14 万元。

2011—2016 年，电瓷产业面临原材料燃料价格上涨，产品销售价格大幅度下降的局面，对电瓷发展带来影响。浦口镇有 3 家小规模企业先后停产，分别是：2013 年科达电瓷停产，2014 年军力电瓷停产，2014 年华湘电瓷停产。而浦口龙头企业——醴陵华鑫电瓷科技股份有限公司等 10 家企业，设备不断更新，购置高新科技自动化数控设备，改进扩建大容量自动控制窑炉，聘请高科技人才，培养了一批高素质职工队伍，提高产品质量和等级，研制出一批高、新、特科技产品，同时挖掘内部潜力，降低生产成本，严格按照 ISO 9001:2000 质量体系，使企业健康发展，效益不断提高，赢得了国内和国

电瓷产品（2018 年） 张家亮 摄

际市场。

2016年，全镇有电瓷生产企业10家，其中规模以上企业10家。在厂职工近3000人，企业总资产231640.8万元，其中固定资产总额180972.8万元，流动资金50668万元。企业总占地面积948.3亩，厂房建筑面积275200平方米，厂房资产61648万元，机械设备2613台，其中直径1000毫米真空练泥机5台，直径630毫米真空练泥机4台，直径500毫米真空练泥机15台，内外修坯仿型机68台。焙烧窑炉80座，其中280立方米以上12座，设备资产总额119324.8万元。完成电瓷生产量94649吨，产值353342.08万元，销售额344461.45万元，出口创汇35859.61万元，缴纳税金4965.51万元，利润3163.58万元，职工工资7645.61万元，职工福利508.53万元。

主要产品有：10千伏、35 ~ 1000千伏及其以下的各类电瓷电器瓷套。产品销往全球20多个国家和全国各地。

1986—2016年，全镇累计生产电瓷809933吨，累计产值813984.69万元，累计销售796031.76万元，累计出口创汇143086.65万元，累计缴纳税金44383.51万元，累计利润44840.82万元，累计发放工资62673.36万元，累计职工福利4837.89万元。电瓷产业成为浦口镇的支柱产业，浦口镇同时也是国内主要的电瓷生产基地之一。

品牌建设

浦口镇注重培育龙头企业，加强产品研发和品牌建设，以全面拓展市场，促进电瓷产业的快速发展。

产品研发 醴陵华鑫电瓷科技股份有限公司为浦口电瓷龙头企业，1997年创办之初即成立科技研发小组，培养高素质的科研队伍和强大的技术研发实力。先后研制出世界电压等级最高的1000千伏电容式电压互感器瓷套和1000千伏变压器瓷套。2009年华鑫公司与西安高压电瓷研究院、西安电瓷研究所、西安双佳高压电瓷电器有限公司、国家绝缘子避雷器质量监督检验中心、重庆大学等单位起草了《额定电压高于1000千伏的电器设备用承压和非承压空心瓷和玻璃绝缘子》国家标准。使浦口电瓷在全国同行业中拥有较高的地位和较大影响力。

2009年和2015年湖南省科技厅等4部门先后两次联合认定醴陵华鑫电瓷科技股份有限公司为高新技术企业。2011年和2016年公司技术研发中心被认定为湖南省企业技术研发中心，并承担国家重大科研项目中分包项目一项。截至2016年，公司取得国家知识产权局授权认证的专利共26项，其中发明专利4项，实用新型专利12项，外观设

华鑫电瓷科技股份有限公司航拍图（2018 年） 明日广告 供

计专利 10 项。公司有科技人员 50 余人，其中核心人员 12 人。

2012 年，浦口电瓷制造有限公司成立技术研发中心，有科技人员 62 人。通过几年的努力，成功研制出 225 千伏、500 千伏、750 千伏、1000 千伏超高压等级的电容式电压互感器瓷套、变压器瓷套、断路器瓷套、组合电器出线瓷套、电缆终端瓷套等 20 多个科技含量高的产品。截至 2016 年，有 8 个项目获得国家知识产权局授权认证的实用新型专利证书。

截至 2016 年，浦口电瓷行业共有 28 个项目获得国家知识产权局授权认证的实用新型专利证书，10 个外观设计专利。

浦口电瓷制造（2018 年） 张家亮 摄

品牌效应 电瓷分低压电瓷、高压电瓷。高压电瓷电器分三大类，主要产品有35 ~ 1000千伏的线路电瓷电器、电站电瓷、油浸电容式套管，断路器、避雷器、电流互感器等13个系列2000多个不同规格的电瓷电器产品。

浦口电瓷有三大品牌，即醴陵华鑫电瓷科技股份有限公司的“PK”品牌、浦口电瓷制造有限公司的“浦瓷”品牌、浦口华高电瓷有限公司的“浦电”品牌。

“PK”品牌有9大系列2000多个品种，主要产品以110 ~ 1000千伏空心绝缘子瓷套为主导产品。产品远销瑞典、意大利、德国、英国、瑞士、俄罗斯、美国、巴西、印度、日本、韩国、澳大利亚、伊朗、南非、土耳其等20多个国家和地区。同时供应国内20多个省、100多个电力企业。

“浦瓷”品牌有7大系列，1000多个品种。主要产品有：35 ~ 1000千伏的SF系列产品。产品能按国际IEC（国际电工标准）标准、美标、英标、德标、澳标的要求设计。产品远销20多个国家和地区，以及国内100多家电站和电器企业。

“浦电”品牌主要生产各类等级的避雷、断路器、互感器、电容器、变压器等瓷套，产品销往亚欧10多个国家，国内销往东北、华中、西南地区30多个单位。

浦口电瓷技术含量高，有三大系列超高压等级的产品，即500千伏、750千伏、1000千伏填补了国内空白，并具国际领先地位。产品销售覆盖全球。其中空心绝缘子瓷套是国内最大供应商，销售量居全球同行业首位。

电瓷成型（2018年） 张家亮 摄

社会效益 1986年，浦口电瓷工业总产值占浦口镇工业总产值的8.26%，缴纳税金占4.5%，在厂职工占全镇职工的1.2%，发放职工工资占全镇总工资的1.5%。1996年，浦口电瓷工业总产值占浦口镇工业总产值的5.2%，缴纳税金占6.2%，在厂职工占全镇在厂职工的9.1%，发放职工工资占全镇职工工资的11%。2006年，浦口电瓷工业总产值占浦口镇工业总产值的21.3%，缴纳税金占43.3%，在厂职工占全镇在厂职工的18%，发放职工工资占全镇职工工资的24.5%。2016年，浦口电瓷工业总产值占浦口镇工业总产值的30.7%，缴纳税金占67.12%，在厂职工占全镇在厂职工的28%，发放职工工资占全镇职工工资的33.2%。

浦口华银瓷业有限公司安排残疾人就业35人，占全镇残疾人总量的3.57%，全镇有劳动行为能力的残疾人全部安排就业。每年发放残疾人工资90多万元。全镇电瓷企业职工福利及养老逐步完善，2016年电瓷企业职工80%以上列入养老保险统筹，养老保险金全年投入500多万元，解决了职工后顾之忧。

与此同时，浦口电瓷企业历年累计捐资480万元修建集镇街道和乡村公路，其中醴陵华鑫电瓷科技股份有限公司300万元，浦口电瓷制造有限公司40万元，浦口电瓷有限公司30万元，浦口华能电瓷电器制造有限公司30万元，浦口华高电瓷电器有限公司30万元，浦口华银瓷业有限公司30万元，其他电瓷20万元。累计捐

电瓷产品（2018年） 张家亮 摄

资95万元建学校，其中醴陵华鑫电瓷科技股份有限公司60万元，浦口电瓷制造有限公司8万元，浦口电瓷有限公司6万元，浦口华能电瓷电器制造有限公司6万元，浦口华高电瓷电器有限公司6万元，浦口华银瓷业有限公司4万元，其他电瓷企业5万元。累计扶贫帮困捐资73万元，其中醴陵华鑫电瓷科技股份有限公司30万元，浦口电瓷制造有限公司10万元，浦口电瓷有限公司10万元，浦口华能电瓷电器制造有限公司5万元，浦口华高电瓷有限公司10万元，浦口华银瓷业有限公司5万元，其他电瓷企业3万元。

企业选介

醴陵华鑫电瓷科技股份有限公司（以下简称“华鑫电瓷公司”） 公司创建于1996年，是一家民营股份制企业，总投资17118.14万元，占地面积300多亩，建筑面积9万平方米，有从业人员817人。公司拥有具有国内先进技术水平的生产线五条，其中数控修坯机、直径1000毫米不锈钢内胆真空练泥机和窑炉等设备均达到国际先进水平。

华鑫电瓷公司是国内先进的绝缘子避雷器生产企业，一直专注于绝缘子领域前沿产品的研发、设计、生产和销售，公司专业从事10～1100千伏空心瓷绝缘子的生产，是全球空心瓷绝缘子产量最大、品种最全的制造企业之一。公司年设计生产

醴陵华鑫电瓷科技股份有限公司（2018年） 张家亮 摄

能力3.6万吨，2013—2016年生产销售空心瓷绝缘子数量均列国内同行业第一。

自2003年以来，公司“PK”商标被湖南省工商行政管理局连续认定为湖南省著名商标。2012年4月被国家工商行政管理总局商标局认定为中国驰名商标。公司产品先后获湖南名牌产品、湖南省国际知名品牌、中国陶瓷行业名牌产品。

2016年，公司完成工业总产值31018.5万元，销售额28074.8万元。出口产值13982.6万元，创外汇1697万美元，缴纳税金2604.61万元，实现利润1129.4万元，发放职工工资5306.4万元，职工福利412.4万元。

浦口电瓷制造有限公司 始建于1985年，企业前身为浦口电瓷厂，1998年改制为民营企业。公司占地18万多平方米，其中

电瓷产品抗震试验（2018年） 张家亮 摄

电瓷产品装配大厅（2018年） 张家亮 摄

浦口电瓷制造有限公司（2017 年） 张文祥 摄

建筑面积 12 万多平方米，企业总投资 2 亿元，其中固定资产 1.2 亿元，流动资金 2071.5 万元，有员工 282 人，专业技术人员 50 余人；公司分设两个厂区，拥有三条生产线，以及各种生产、检验、监测设备 290 台套。2012 年产值近亿元。

经过 20 多年的发展，公司成为国内高压、超高压高强度瓷套专业生产厂家，年产高压电瓷 7000 ~ 10000 吨。主要生产 35 ~ 1000 千伏的六氧化硫断路器瓷套、组合电器出线瓷套、互感器瓷套、变压器瓷套、电容器瓷套、电缆终端瓷套等各种电器用瓷套。产品销往东北、华中、西南地区，并出口亚欧 20 多个国家。

公司产品能按国际、IEC 标准、美标、英标、德标、澳标的要求设计、组织生产，产品稳定运行在高海拔、高寒地区及沿海等地区，适应各种环境、温度的变化，产品性能安全可靠。

2016 年，公司完成工业总产值 46052.57 万元，销售额 45276.85 万元，出口产品 22127.56 万元，创汇 3393.8 万美元，缴纳税金 900 万元，实现利润 1661.4 万元，发放职工工资 1800 万元，职工福利及养老金 80 万元。

浦口电瓷有限公司（浦口电瓷厂） 始建于 20 世纪 80 年代初期，有 30 多年的电瓷生产历史，新、老两个厂区占地面积共 136000 平方米，建筑面积 36000 平方米。公司总资产 48166 万元，其中固定资产 4620 万元，流动资金 4210.6 万元。具备年产电瓷 10000 多吨的能力，是国内电瓷生产重点企业。

公司拥有中高级技术职称人员 32 名，拥有直径 1000、直径 800 真空练泥机、内外

浦口电瓷有限公司产品（2018 年）　　张家亮　摄

仿型数控修坯机、全自动化余热烘房及全自动化燃气窑炉等一批先进设备。2013 年下半年建成投产的瓷套生产线在全国电瓷行业中处于领先水平。

公司已获得 7 项专利。可按国标、美标、英标、德标、澳标及 IEC 标准组织生产。主要生产的产品有 40.5 ~ 363 千伏六氟化硫断路器、10 ~ 363 千伏支柱瓷绝缘子、126 ~ 500 千伏电流、电压互感器瓷套；126 ~ 1000 千伏电容式电压互感器瓷套、避雷器瓷套；126 ~ 550 千伏电缆终端瓷套；全封闭组合电器（GIS）出线瓷套。2016 年，公司完成工业总产值 47095.19 万元，销售 46076.4 万元，创外汇 3000 万元，缴纳税金 420 万元，实现利润 2418.5 万元，发放职工工资 753 万元、职工福利及养老 65 万元。

浦口华高电瓷电器有限公司　公司成立于 2004 年 9 月，注册资金 529 万元。总投资 8100 万元，占地面积 4 万余平方米，建筑面积 1.8 万平方米，员工 220 人，专业技术人员 18 人。公司拥有两条电瓷湿法生产线，以及生产、试验、检验、检测设备共计 200 多台套。公司年生产电瓷能力达 10000 吨以上，是中国电瓷行业主要制造企业之一。总资产 13177.5 万元，年出口创汇 2000 万美元以上。

华高电瓷（2018） 张家亮 摄

公司主要产品有各类电压等级的避雷器、断路器、互感器、电容器、变压器、电缆终端瓷套。产品从设计、生产、检测都严格执行国家标准，并可以按用户要求执行 IEC（国际电工标准）和美国（ANSI）、英国（BS）、德国（DIN）、澳大利亚（AS）、日本（JIS）等诸多国家标准生产。产品主要销往东北、华中、西南地区，并出口亚欧国家。

2016 年，公司完成工业总产值 36803.59 万元，销售额 36134.85 万元，出口产值 13500 万元，创外汇 2000 万元，缴纳税金 510 万元，实现利润 2505.1 万元，发放职工工资 1136 万元、职工福利及养老 60 万元。

华银电瓷（2018） 张家亮 摄

浦口华银瓷业有限公司 公司地处醴陵市浦

口镇新街，是一家社会福利企业，成立于 2002 年，总投资 2000 万元，占地面积 7200 平方米，建筑面积 4800 平方米。企业总人数 105 人，其中残疾职工 35 人，占职工总人数的 29.2%。

企业主要生产 35—220 千伏互感器绝缘子瓷套，电容器绝缘子瓷套。年生产能力 3000 吨，产值 3000 万元。产品销往南京、江苏、沈阳、湖南、衡阳等地。产品各项技术指标均达国标。

企业致力于解决浦口境内有劳动行为能力的残疾人就业，每年发放残疾人工资 90 多万元，占企业职工总工资的 25%。

2016 年，企业完成工业总产值 33174.21 万元，销售额 32597.86 万元，缴纳税金 130 万元，利润 1268.5 万元，发放职工工资 360 万元、职工福利及养老 60 万元。

鞭炮烟花

产业发展 鞭炮、烟花统称花炮，鞭炮俗称爆竹，又有爆竿、爆仗等名称。鞭炮的起源很早，在古代氏族公社时期，人们煮熟食、烤火取暖时，发现竹子被烧着时能发出强烈的噼啪声，古人认为这种声音可示喜庆吉利或能驱除鬼怪。于是，相沿成习。《诗经·小雅》篇中有“炮之燔之”,《周礼》“春官”篇中有“九祭三日爆祭”之载，皆为以火著竹称爆竹。

唐贞观年间（627—649），李畋首创爆竹，并在家乡及周边地区传授爆竹制作技艺。浦口距离李畋故里仅十余千米，原始的爆竹自唐代就已传入，距今 1300 多年。但真正形成一个产业则是经过数百年发展演变而成，至明清才渐成规模。民国时期，世居浦口镇三铺村的潘先恢创建浦口永庆美炮庄，在江西慈化和醴陵白兔潭、浦口收购鞭炮，直接运至湘潭大古码头交与莫高大古公司，转销南洋、印度等地。每年可销售鞭炮 1 万箱左右。

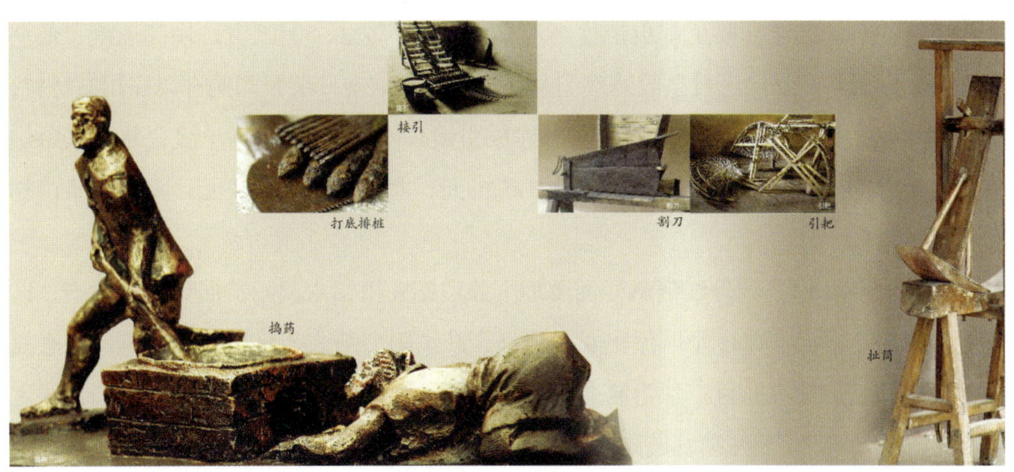

鞭炮生产场景展示（2018 年） 彭雪飞 摄

1964 年，浦口成立社属鞭炮厂，李洲、三铺、花椒即相应兴建村办鞭炮厂。年产量 6000 箱，在厂工人 500 人，厂外加工下手（做拨货）1000 多人，主要生产顿边、加花、8 扣等品种，初步形成境内村办工业的基础。但由于农业生产劳动力限制在队（组），平均分配报酬，发展极为缓慢。

1964 年 2 月，浦口公社拨款 1900 元，向县财政借款 2000 元，配备两名管理干部。借用浦口市老街日杂收购部所剩空房为生产工地，组织辖区内 67 名鞭炮工艺能手为生产骨干，厂外 280 个下手为加工人员，建立起醴陵第一个属农村人民公社集体所有的鞭炮厂。主要生产黑药鞭炮、加花、四伞红、顿边 4 个固有传统产品。

花炮祖师李畋铜像（2018 年） 彭雪飞 摄

由于资金少，周转难，职工都自带生产工具，自愿缓发3个月工资，用高速度、低消耗办法，逐日将产品向区日杂收购部门交售，并将货款向日杂公司购进急需用原材料，以加速资金周转，扩大公共积累，同时建成引线车间。到1965年年底，共生产鞭炮3859箱，发放工资82964元，缴纳税金14536元，实现利润28854元，为扩大生产初步奠定了基础。

1966年春，白药牡丹红鞭炮经湘潭地区外贸站安排，由浏阳扩展到醴陵生产，以满足国内外市场。浦口鞭炮厂派出9人小组，赴浏阳金刚公社星火大队鞭炮厂引进氯化钾、铝粉、硫黄等原料，学习制造白药鞭炮技术，经十多天学成归厂。按公社决定原厂（亦称“老厂”）继续发展原有品种，另在官山口借用醴陵瓷泥厂空房暂作厂房，新建浦口白药鞭炮厂，各自独立核算，醴陵农村第一家白药鞭炮出口厂正式投产。不久之后，老厂迁出浦口市老街，并入新厂，统一核算，改名为浦口公社鞭炮厂，自此缩小黑药鞭炮生产，增加白药鞭炮生产。为扩大外销产品，1967—1972年又先后派员外出学习花炮制造原理，首次生产小鸟、蜻蜓、三脚火箭等几种烟花炮。到1972年年底，全厂总计生产白药鞭炮40962箱，烟花3168箱，共计产值468.48万元，发放工资122.43万元，成为初具规模的出口花炮厂。1973年，鞭炮（专指响炮）生产主要完

传统手工制作鞭炮（2016年） 浦口镇政府 供

成内销任务，烟花（花炮）生产对外出口任务日益扩大。于是，浦口鞭炮厂正式改名为浦口出口花炮厂。为了更新工艺，增加花炮品种，更好地打入国际市场，企业成立科研小组，担负花炮设计任务，逐步扩大科研成果。但受当时政策限制和劳动力限制，企业发展缓慢。到 1976 年，当年产值仅完成 200.05 万元，工资发放 46.66 万元，上缴税金 78 万元，实现利润 25.6 万元。1978 年实行改革开放，香港客商来厂访问，开拓了香港市场。随后几年，挪威、美国的外商相继而来，花炮产品出口到亚、欧、美、澳 30 多个国家和地区。内销产品则已扩展到 20 多个省区，先后有 6 个产品获轻工部优质奖。1982 年所产烟花“星球献宝”荣获全国工艺美术百花奖银杯奖，是国内烟花产品中的最高荣誉。到 1986 年年底，浦口出口花炮厂有固定资产 172.32 万元，有 7 个工区 12 个车间，全厂车间仓库厂房 292 栋，625 间，总面积达 25159 平方米，占地面积约 1.5 平方千米。有工人 3540 人，厂外加工人员 1337 人。年产值 1550.1 万元，发放工资 254.22 万元，缴纳税金 154.09 万元，实现利润 85.92 万元。成为湖南省知名的乡镇企业和出口花炮厂。

自从 20 世纪 80 年代初期实行改革开放、搞活经济的政策以后，生产力得到解放，各村以鞭炮为主体的村办工业迅速发展。1980—1986 年境域内先后创办鞭炮厂、花炮

浦口花炮（2018 年） 张家亮 摄

厂 20 家，分别是浦口出口花炮厂、三铺鞭炮厂、合水鞭炮厂、冷水鞭炮厂、保丰鞭炮厂、河泉鞭炮厂、山塘鞭炮厂、茅坪鞭炮厂、荣坪鞭炮厂、碧泉鞭炮厂、花椒鞭炮厂、贯古鞭炮厂、仙石鞭炮厂、东方鞭炮厂、卫星鞭炮厂、邹境鞭炮厂、烟狮鞭炮厂、李洲鞭炮厂、天符花炮厂、官山居委会花炮厂。

1986 年，全镇鞭炮烟花企业总固定资产 456 万元，在厂员工 6015 人，厂外加工人员 4860 人，有“十家九炮”之说。1986 年工业总产值 3302 万元，销售总额 3460 万元，缴纳税金 305.5 万元，实现利润 125.6 万元，发放职工工资 535 万元。鞭炮烟花成为浦口的主要支柱产业。其龙头企业是浦口出口花炮厂。

1987—1990 年，随着烟花鞭炮产业发展壮大，为加强安全生产管理，对不符合安全规范的企业实行全面整改。部分鞭炮厂因不符合规范，加上其他原因，只能停产关闭。其间，全镇有 9 家企业停产。

1991 年，境域内有镇办、村办、联营、个体花炮、鞭炮企业 32 家，年产花炮 27 万箱，鞭炮 16 万箱，产值 7669 万元，缴纳税金 412 万元，从业人员 12100 人。

1992—1995 年，由于国内部分大城市禁放鞭炮，花炮市场空间受到挤压，花炮销售受到影响。醴陵一度视花炮工业为“夕阳产业”，浦口镇境域内村级花炮厂、鞭炮厂共计 20 家先后停产，浦口鞭炮烟花公司、浦口日杂收购站停业破产。

此后几年，浦口镇花炮产业起起落落，但总体上还是不断发展壮大。其间，有时因市场向好，大家纷纷办厂，一哄而上，带来安全生产隐患。

至 2004 年，全镇有花炮厂、鞭炮厂（联营、民营、个体）497 家，其中 58 家企业办理了安全生产许可证。为了加强安全整治，对 439 户无证非法生产企业进行清查整顿，没收成品、半成品及生产机械，同时对 58 家有证企业下达整改通知书。使有证企业正常健康发展。

2007 年 12 月 5 日是泰国国王普密蓬・阿杜德 80 岁生日，也是他担任国王 60 周年庆祝日。是年 7 月底，浦口天符出口花炮厂承担了泰国国王 80 岁生日焰火燃放任务。接受任务后，该厂精心组织生产了 100 余种礼花，并对燃放队伍进行专业培训。11 月中旬，一支 18 人的燃放队伍带着礼花抵达泰国。12 月 4 日晚 22 时 30 分许（曼谷时间），几十颗礼花弹升上百米高空，地面礼花、高空礼花、水上烟花、水中礼花竞相开放。燃放结束后，泰国一位陆军上将在招待宴会上握着天符花炮厂厂长曾德香的手说：“你们的礼花太好了，太迷人了，今后有重大庆典活动一定请你们来泰国。”

小型烟花生产（2018 年）　张家亮　摄

花炮制作（2018 年）　张家亮　摄

2010 年，全镇花炮实行第二轮安全整改，对 54 家有证花炮企业进行重审，其中换证 32 家，待检 8 家，停产整改 14 家。虹日花炮厂被认定为安全生产典型，受到国家安全监督局好评。

2011 年，全镇花炮企业 53 家，已换证 52 家，查处非法生产户 46 家，治安拘留 36 人，收缴烟花鞭炮 110 箱，半成品 42 箱，销毁结鞭引线价值 760 余万元。

2015 年，湖南环球烟花有限公司与湖南陶瓷烟花职校联合办学，成立实习基地，

环球烟花有限公司生产厂区（2018 年）　明日广告　供

另与湖南将军集团实行重组，成立企业集团。浦口境域整合生产小礼花弹的花炮企业8家。

2016年，全镇有证花炮企业46家，总占地面积8222亩，投资总额68474万元，其中固定资产40850万元，流动资金40820.8万元，总产量304.3万箱，总产值486900.561万元，占全镇工业总产值的56%，缴纳税金2412万元，实现利润22313.9万元，发放职工工资16311万元，从业人员5100人。

花炮工业与电瓷工业同为浦口的龙头工业，并带动制硝（军供硝）、造纸、印刷、包装、化工、塑料制品、花炮机械等相关工业的发展，创造大量就业岗位，使大批农村富余劳动力向非农产业转移。

产品类型

鞭炮烟花产品主要分为黑药鞭炮、白药鞭炮、烟花炮三大类，300多种，各具特色。

黑药鞭炮　从发源起至1966年，所有鞭炮均为黑药鞭炮，它的原料主要是：土硝（硝酸钾）、硫磺、杉木炭等。但响声不是很大，光亮不强。主要产品：加花、顿边、8扣及雷鸣炮等。

白药鞭炮　从1966年开始生产，主要原料是：氯酸钾、高氯酸钾和低氯酸钾、银粉等加工而成。产量逐年加大，1986年后响炮基本以白药鞭炮为主。白药鞭炮打响率

花炮、鞭炮类型（2018年）　　张家亮　摄

高空礼花弹燃放（2017年） 浦口镇政府 供

高，响声洪亮，燃放时闪闪发光。主要产品有：牡丹红炮、电光炮、寸金炮、花皮炮、火地红炮、全红炮、火炮、地毯红炮、玫瑰红炮等。

烟花炮 有10个小类品种。

高空礼花弹类。又名大礼花弹，按设计要求，将药物等填装于圆形弹壳内，燃放时，将弹体投入发射炮筒内，弹体发射至数百米高空，随着爆炸震响即散发出像虹飞锦散般的巨型花状，达30多种焰光色彩，晚间更为清亮，白天即可带上巨幅彩绸、标语、降落伞等以壮观瞻。

地面礼花类。有单发、连发以及组合花盆。单发的发射高度在数十米至一百米以内的空中爆炸。连发能持续向天空中发射80 ~ 100发。主要产品有10厘米以内小礼花弹，共计十多个产品。盆花有帝女合欢、翠雀凌霄、星球大战、花满园、花十树、欢声笑语等。

吐珠类。产品有彩珠筒、惊天雷。火药依次分层填入纸筒，中间隔离。燃放时彩色亮珠，逐个射出筒外，射程5 ~ 30米，并带花带响。

火箭类。产品有大、中、小型9种。火药将火箭筒体筒木签推向空中燃烧，筒体筒靠木签或三脚底座定航，分别有带花、响、叫、彩光等不同装制，效果互异，一般高度在30米以上，唯阿波罗火箭，可达200米高空，是国内最大的火箭烟花，上升时，火如游龙，有多种效果。

烟花日景效果（2017 年）　　醴陵市天符出口花炮厂　供

旋转升空类。产品燃放后，在地面高速盘旋，然后由机翼旋上高空，成螺旋形冲向高空，带彩色火环，同样上下飞转，可达 30 米以上，主要有花蝶还春、蝴蝶等品种。

旋转类。产品有小莲花、蟋蟀能舞等，燃放中在地面旋转，并变幻出多种色彩。尚有手持旋转类，燃放中带多种光彩，并带叫声。

喷花类。产品竖立地面燃放，有金花盛开、三仙子、魔术仙等产品，喷射出红、绿、紫、白、黄等颜色，有低空闪现，有的噼啪作响。

小型玩具类。产品有星球献宝，造型为一球体，兼有喷花、旋转、跳跃升空三大特点。燃放时带有色彩光环，脱地而起，自空而降，效果奇特，另有花田鸡、踩龙门等品种。

手持线香类。药筒附于竹签上，手持竹签，安全可靠，有迎春花、电光炮、狗尾草等品种。

彩色烟雾及其他。产品喷射红、橙、黄、绿、蓝等彩色烟雾。宛如绸带，随风飘逸，如仿制的鸟烟花，燃放后抛向空中，即发出鸟一般的鸣叫。

产品研发　1964 年 2 月，浦口公社建立起全县第一个农村公社集体所有的鞭炮厂。1965 年，浦口花炮厂科研室以张迪生为首研制出小鸟烟花，同时研制成以氯酸钾、银粉为主要原料的白药炮。

1973 年，浦口花炮厂科研室张迪生、张家斌成功研制了“金花盛开”新产品，成为醴陵花炮产区的第一个喷花类闪光产品。通过对小礼花弹进行技术攻关，针对导火索结构、性能要求，选用新材料，工艺上采用“嫁接”方式，燃放时呈现出光彩夺目的彩色焰火，呈现出“天花无数月中开，五色祥云绕降台”的效果，1981年，“金花盛开”产品获湖南省优质产品奖，产品质量稳定，当年产量突破1万箱，并连年上升，1983年达到3万箱，1984年获农牧渔业部优质产品称号。

1974—1975年，成功研制“星球献宝”产品，设计人员由人造卫星的发射联想到利用圆体来研制出一种新产品。产品具有喷花、旋转、跳升等多种效果，造型特殊、美观。1981年获湖南省优、轻工部部优产品，1982年获国家百花工艺银杯奖，1983年又获中国儿童生活用品优秀产品等称号。张迪生设计的“花蝶迎春”获省优产品称号。1987年浦口出口花炮厂获出口创汇大户双龙奖，优质产品金龙奖。

1997年，保丰出口花炮厂的财神灯、满地红，以响声清脆、珠光四溅，气氛热闹享誉市场。

1998年，浦口出口花炮厂研制成功两球礼花弹，次年又研制成功三球礼花弹。2000年生产新产品有手持烟花、彩色泥壳烟球、微型烟花筒。浦口天符出口花炮厂生产的彩色擦烟炮，2001年天符出口花炮厂又研制生产“园林欢乐”“群星灿烂”等产品，获“湖南省品牌产品”“湖南省著名商标”称号。企业荣获“花炮百强企业”“质量管理十佳企业”“中国焰火燃放二十强企业”等诸多荣誉称号。多次参加国际顶级焰火表演。2008年成为北京奥运会烟花产品供应单位，并成为焰火燃放合作伙伴。2009年成为首都国庆60周年庆典烟花产品供应单位。

2013年，浦口赖氏烟花有限公司主攻新型爆竹无硫微烟、节能环保课题。自主研发的“爆竹生产结鞭线雾法除尘”新技术获得成功、并通过国家专利认证。2015年，赖氏烟花成为全国烟花爆竹标准化技术委员会成员单位，参与烟花爆竹国家标准的制定，同时在首届中国爆竹大赛中，一款

2008年北京奥运会紫星焰火燃放团队（2008年） 浦口镇政府 供

“金禧玫瑰红”荣获大赛一等奖。

配套产业

花炮机械 鞭炮烟花作为醴陵的传统产业，历史上一直沿袭原始、传统的家庭作坊式手工制作，生产效率低。从20世纪80年代开始，以卷筒机为代表的第一代鞭炮机械出现了，电动金属机械取代了传统木质的人力机具，生产效率和产品质量得到了大幅提高。新型机械的出现，不仅促进了鞭炮烟花的发展，还催生了一个新兴的行业——花炮（爆竹）机械行业。经过30多年的发展，涌现了卷筒机、结鞭机、切割机、包装机、引线机等，使鞭炮烟花行业由传统的手工制作和半机械化生产，转变为全面实现机械化自动生产。

20世纪90年代初期，浦口引进醴陵东风机械厂生产的自动卷筒机。此后有20多家私营个体户办起了花炮机械厂，出产的花炮机械主要有：半机械引线机、全自动引线机、半机械手摇式结鞭机、全自动化数控结鞭机、自动化卷筒机、切割机、切边机、手摇式半机械插引机，全自动化数控插引机、全自动装药机、自动封装机等，共5个系列30多个品种。产品除供应本地及周边地区以外，还销往云南、贵州、河南、湖南、四川等20多个省市。

1990年，浦口镇东方村村民叶宗明发明引线机，属木质金属相结合的半机械化设备，年产引线机1000台以上。1991年陈氏引线机厂成立，同样是木质金属结构的半机械化，年产量1000台以上。同年，鑫元插引机厂成立，主要生产手摇式插引机，年产

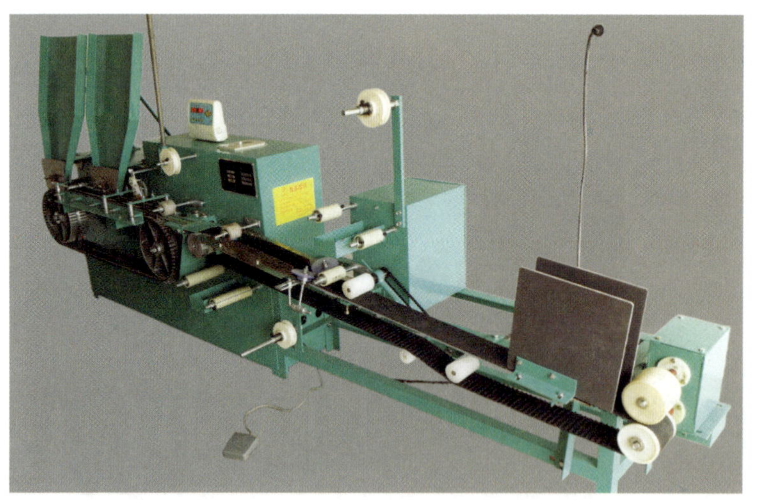

结鞭机（2018年） 张家亮 摄

量 1200 台。1993 年，醴陵市浦口湘印机械厂成立，主要生产鞭炮结鞭机、卷筒机等，年产量 2000 台以上。

2000 年后，先后有浦口鸿宇机械厂，生产结鞭机，年产 300 台；浦口中力机械厂，生产结鞭机，年产 300 台；醴陵市旺金机械厂，生产结鞭机，年产 400 台；长城机械有限公司（勇敢牌）生产结鞭机，年产 600 台以上；湘江全自动结鞭机厂，生产结鞭机，年产量 700 台；金牌全自动结鞭机厂，生产结鞭机、封口机、切边机，年产量 2000 台以上；通和机械厂生产结鞭机，年生产 200 台；醴陵市源泉结鞭机厂，主要生产结鞭机，年生产 2000 台；湘科机械厂，主要生产装药机、结鞭机，年产量 3000 台；湘龙花炮机械厂，主要生产结鞭机、卷筒机，年产量 2000 台。

2005 年，醴陵市勇敢机械有限公司成立，主要生产全自动化数控结鞭机，此机乃全国首创，上市后抢购一空，年产量最高达 8000 台。后又研制出数控切筒机等系列环保节能型自动化花炮机械，并先后获得国家发明专利。

2012 年，醴陵市祥云自动化机械设备厂成立，通过两年多的努力，研制出全国第一台自动化数控插引机。产品远销全国各地花炮生产企业，年产量 2000 台以上。

2013 年，湘印机械厂与相关科研机构合作，成功研制爆竹生产自动化流水线，年产量达 4000 台。

2016 年，全镇有花炮机械厂 16 家，总占地面积 60 亩，建筑面积 55000 平方米，总投资 5900 万元，其中固定资产 4600 万元，流动资金 1300 万元，工业总产值 14000 万元，

湘印机械科技有限公司（2018 年）　　张家亮　摄

缴纳税金 108 万元，实现利润 3600 万元，发放工资 2430 万元，在厂职工 540 人。

引线工业 引线是鞭炮烟花的导火线，浦口引线生产历史悠久，引线产品有三大类：普通引、安全引及其他花炮引。

第一阶段：原始手工制作。将引硝配制好，放在一个木盘内，用一根凿有小槽的竹竿上槽内硝就落在引皮纸上，用手一搓，一根引就形成了，然后用米糨糊引，晒干即可使用。这种制作工艺工效极低，且不安全，使用至 80 年代中期。

第二阶段：使用半机械化生产。80 年代末期开始，用木质手工机械，使用卷筒引皮纸，这种制作比原始工艺提高工效 1 倍以上，且质量有所提高。

第三阶段：自动化数控设备生产。2000 年后开始使用，工效比机械提高 10 倍以上，质量大大提高，导火合格率达百分之百，安全性能可靠。

随着鞭炮产业的不断发展，浦口做引线的人越来越多。1964—1986 年，有 500 ~ 800 户做引，1987—2000 年使用半机械化做引的有 200 多户，2001—2014 年使用现代化设备做引的专业厂家有 16 家，2016 年通过安全生产整改只有 4 家有证企业生产引线。2016 年生产引线 1050 万千米，工业总产值 6160 万元，缴纳税金 37 万元，实现利润 420 万元，发放职工工资 880 万元。

醴陵市凯顺引线厂是浦口引线工业的骨干企业，地处浦口镇浦口村万家老屋组，占地面积 560 亩，建筑面积 16000 平方米，总投资 2000 万元，其中固定资产 1200 万元，

醴陵市凯顺引线厂（2017 年） 张文祥 摄

流动资金800万元，三条生产线，140套机组，主要生产花炮安全引火线和各种鞭炮引火线，年生产能力800万千米。企业采用自动化数控设备，质量安全可靠，产品主要销给本镇46家有证鞭炮烟花厂。2016年完成产量567万千米，工业总产值3600万元，缴纳税金20万元，实现利润200万元，发放工资260万元，从业人员86人。

2016年浦口镇引线企业基本情况表

表11 单位：万元

企业名称	产值（万元）	缴纳税金	利润	职工工资	总投资	固定资产	流动资金	占地面积（亩）	建筑面积（平方米）	从业人员（人）
醴陵市凯顺引线厂	3600	20	200	260	2000	1200	800	560	16000	86
醴陵市赖记引线厂	1500	8	120	500	1800	1600	200	600	10000	120
醴陵市浦口镇南中引线厂	260	3	20	20	800	600	200	100	4000	30
醴陵市合水引线厂	800	6	80	100	500	400	—	200	5000	60
合计	6160	37	420	880	5100	3800	—	1460	35000	296

炮筒工业 炮筒分鞭炮筒和花炮筒，均是纸制品，传统扯筒工具是扯凳。将裁好的纸料，一端喷水，用铁签卷好，置于扯凳凹处，手工扯滚成筒，一次一筒，此工艺有一千多年的历史。农户家家都有扯筒凳，人人都可在闲时扯筒。1978年，醴陵东风机械厂研制成彩珠筒扯筒机，可自动上纸、滚筒、拔签，提高工效3～5倍。1984年，醴陵市出口花炮厂研制出花炮卷筒机，实现单机送料、卷筒、烘干、切割4道工序自动化，比手工操作提高工效60倍。随后浦口一些花炮企业也试制出各种滚筒机械——鞭炮滚筒机械、花炮滚筒机械、花炮压壳机械等。1986—2016年，全镇有滚筒家庭作坊150多家，产品除供应本镇鞭炮花炮企业外，还远销河南、江西、山西、四川、贵州等地。2016年，全镇炮筒工业总产值约1.5亿元，发放工资2345万元，实现利润约1500万元，从业人员2095人。

2016年浦口镇各村鞭炮筒子厂生产经营情况表

表12 单位：万元

村名称	企业数（家）	总投资	工业总产值	利润	发放工资	从业人员（人）
保丰	18	240	1750	158	270	244
天符	18	240	1780	160	268	244
荣坪	16	180	1552	160	240	217
李洲	18	200	1800	158	273	246

续表 12

村名称	企业数（家）	总投资	工业总产值	利润	发放工资	从业人员（人）
三铺	10	110	1100	97	156	140
浦口	14	150	1358	140	209	190
贯古	4	50	400	38	64	54
仙石	6	70	590	58	94	82
河泉	10	100	98	98	150	140
花椒	18	200	1700	170	280	240
泮川	12	120	1100	120	187	163
合水	2	20	160	19	30	26
茅坪	8	80	780	88	124	109
合计	154	1760	14168	1464	2345	2095

企业选介

浦口出口花炮厂 前身是1964年创办的浦口鞭炮厂，是醴陵第一家集体所有的鞭炮企业。最初有67名生产骨干，主要生产响炮。1966年改为浦口白药鞭炮厂，开始生产烟花（花炮）。1973年，随着生产规模迅速扩大，正式改名为浦口出口花炮厂。企业成立科研小组，开展花炮设计，花炮产品开始打入国际市场。20世纪70年代末实施改革开放以后，企业加快发展，出口量迅速增加。花炮产品出口到亚、欧、美、澳20多个国家和地区。内销产品则扩展到20多个省区。先后有6个产品获国家轻工部优质产品奖。到1986年年底，浦口出口花炮厂拥有固定资产172.32万元，拥有7个工区、12个车间，总占地面积1.5平方千米。有员工3540人，年产值1550.1万元，成为湖南省知名企业。1987年，浦口出口花炮厂投资50万元创办一个钻石厂。1995年又投资200万元创办一个旅游鞋厂。1987—1997年，浦口出口花炮厂稳步发展。全厂实行车间分级核算、责任承包等形式，效益稳步提高。产品研发不断更新，主要产品以花炮升空类为主，礼花弹1.5寸（约4.95厘米）、3寸（约10厘米）、4.5寸（约14.85厘米）、7寸（约23.1厘米）、8寸（约26.4厘米）、12寸（约39.6厘米），远销日、美、欧线及东南亚100多个国家和地区。1997年有花炮生产车间12个，生产工区7个，钻石厂1个，旅游鞋厂1个。全厂总产值4580万元，销售4460万元，缴纳税金312万元，实现利润268万元，在厂工人3570人，发放工资732万元。1998年企业开始实施改制，由各生产车间和分厂自由组合承包，各车间分厂上交管理费和利润给总厂。1999年浦口出口花炮厂彻底改制，车间分厂由浦口镇企业办拍卖，原有浦口镇属集体花炮厂不复存在。

天符出口花炮厂 位于浦口镇天符社区，成立于1987年，占地面积30多万平方米，建筑面积19593平方米，共有建筑物131幢，系湖南省出口花炮重点企业之一，在美国和欧洲设有办事机构。企业总投资6744万元，固定资产3000万元，流动资金1914万元，年生产总值8000万元。是集大型焰火燃放与烟花专业研发、生产、销售为一体的花炮龙头企业。企业注册经营的“紫星”牌系列烟花产品远销美国、日本、泰国以及欧洲一些国家，国内市场有北京、上海、浙江、安徽、新疆等地。

天符花炮拥有员工400人，有30多名中高级专业人才，并通过ISO9001国际质量管理体系标准认证，与国际著名焰火设计PYRO MAGIC公司、NANOS公司建立了长期合作关系，多次参加德国斯图加特、意大利罗马、加拿大蒙特利尔等世界顶级焰火表演。并经常在希腊雅典、日本古河、马来西亚关丹、中国香港、中国北京等大中城市组织焰火燃放。2008年，天符出口花炮厂成为北京奥运会焰火晚会烟花产品供应单位，并成为焰火燃放合作伙伴。2009年，成为国庆60周年庆典焰火晚会烟花产品供应单位。

2016年，企业完成工业总产值33750.35万元，销售32921.64万元，出口创汇13194.3万元，缴纳税金273万元，利润1531万元，发放职工工资1821万元、职工福利

天符出口花炮厂（2017年） 张文祥 摄

及养老金 60 万元。

湖南环球烟花有限公司 湖南环球烟花有限公司前身是浦口出口烟花厂，始建于 20 世纪 80 年代初，原系集体所有制企业，2005 年改制后变更为个人独资企业。企业总投资 7000 万元，其中固定资产 5500 万元，流动资产 1500 万元。公司下设印刷厂、鞭炮厂、出口烟花厂，厂区占地面积 66 万平方米，建筑面积 2.8 万平方米，有员工 500 多人，是一家集设计、开发、生产、销售和出口于一体的鞭炮烟花公司，年生产销售量 100 多万箱，产值 1.5 亿元。

公司主要生产经营多种响炮、高空中小型组合烟花、大型焰火、中小型家庭庆典套餐烟花、中小型喷花、小礼花弹、各种玩具类产品。产品出口到欧美一些国家。2010 年环球烟花荣获湖南省著名商标称号。

环球烟花有限公司大楼（2017 年） 张文祥 摄

环球烟花产品展厅（2017 年） 张家亮 摄

2016 年，公司实现工业总产值 3873.34 万元，销售额 3770.37 万元，出口产值 16000 万元，创外汇 2000 万美元，缴纳税金 200 万元，利润 343.8 万元，发放职工工资 800 万元，职工福利及养老金 80 万元。

醴陵市赖氏烟花有限公司 醴陵市赖氏烟花有限公司是一家集团建制的鞭炮专业生产企业，下属核心实体企业有醴陵市赖吉昌爆竹制造有限公司、醴陵市赖氏引线制造有限公司。公司占地总面积 700 余亩，建筑面积 45000 平方米，总投资 7330 万元，有员工 700 余人，其中技术管理人员 68 名。2015 年赖氏烟花成为全国烟花爆竹标准化技术委员会成员单位。同时，在首届中国爆竹大赛中，公司产品“金禧玫瑰红”荣获大赛一等奖。

2016 年，公司完成工业总产值 26984.4 万元，销售额 26434.6 万元，缴纳税金 128 万元，利润 1282.7 万元，发放职工福利及养老金 222.5 万元。

醴陵市赖氏烟花有限公司（2018 年） 张家亮 摄

赖氏烟花产品（2018 年） 张家亮 摄

醴陵市浦口万李出口花炮厂　浦口万李出口花炮厂是一家民营企业，成立于2005年，地处浦口镇浦口村万家老屋组，占地面积580亩，建筑面积7000平方米，总投资3000万元，其中固定资产1600万元，流动资金1400万元，有鞭炮生产线1条，生产工区1个，2台上药机，主要生产鞭炮、各种规格的地毯红炮、大地红炮、玫瑰红炮。年生产能力10万箱，产品销往全国20多个省市和地区。销售量逐步扩大。2016年完成工业总产值4200万元，缴纳税金60万元，实现利润380万元，发放工资400万元，从业人员130人。

醴陵市浦口万李出口花炮厂（2017年）　　张文祥　摄

醴陵市虹日烟花鞭炮厂　地处浦口镇花椒村月塘组，于2002年4月建厂，2004年3月投产，占地面积260余亩。建筑面积12万平方米，总投资3200万元，其中固定资产2200万元，流动资金1684.4万元。有员工210多人，技术人员6人，专职安全员2人。公司生产各种规格的鞭炮，年产量18万箱，年产值3500余万元，产品主要销往海南、云南、安徽、广东等省。

2016年完成工业总产值10763.91万元，销售收入10538.18万元，缴纳税金70万元，销售利润477.5万元，发放职工工资400万元、职工福利及养老金40万元。

醴陵市虹日烟花鞭炮厂（2017年）　　张文祥　摄

醴陵市中兴花炮厂　醴陵市中兴花炮厂是一家民营企业，位于醴陵市浦口镇泮川村，成立于2008年，企业总投资3500万元，其中固定资产2500万元，流动资金1000万元，厂区占地面积990亩，建筑面积4万平方米，企业职工412人。

厂内有3条生产线，其中鞭炮生产线两条，烟花生产线一条，年设计能力产量30万箱，年生产能力产值可达亿元。

2016年企业完成工业产值6500万元，销售收入6000万元，缴纳税金85万元，实现利润260万元，发放职工工资1080万元。产品销往福建、广西、河南、河北、安徽等地。

醴陵市山塘新华花炮厂　成立于2001年，前身是山塘村鞭炮厂，位于浦口镇花椒村新园组。总占地面积380亩，建筑面积12300平方米，拥有3个工区、3条生产线，总投资1300万元，其中固定资产1000万元，流动资金1745.6万元，从业人员160人，主要生产产品全红炮、大地红炮，是爆竹类A级企业。年产能力10万箱。2016年完成工业总产值30522.56万元，缴纳税金60万元，实现利润1197.3万元，安排就业人员160人，发放职工工资720万元。产品销往河南、安徽、山东、东北三省、福建、江苏等地。

醴陵市勇敢机械有限公司　前身是醴陵市长城机械科技有限公司，是一家专业研发环保节能型自动化烟花鞭炮机械的民营企业。总投资1600万元，占地面积6600平方米，建筑面积4000平方米，企业员工60人。主要生产环保型全自动数控结鞭机、数控插引机、新款特装机、六线红炮结鞭机、09版自动结鞭机、数控切筒机等，产品销往湖南、江西、重庆、陕西、四川、贵州、河南等20多个省市。

2003年，张勇、张敢兄弟研发生产的具备自主知识产权的全自动结鞭机，填补了烟花鞭炮结鞭自动化空白，结束了数百年来鞭炮传统手工结鞭的历史。该项新产品改结鞭方

醴陵市勇敢机械有限公司（2017年）　

操作车间（2018年）　张家亮　摄

式为电脑计数控制机械自动化结鞭，日产量比手工结鞭提高近 20 倍，并可以杜绝一系列安全隐患，数控机系列获得国家专利证书。

2016 年，公司完成工业总产值 3768.48 万元，销售收入 3689.33 万元，缴纳税金 50 万元，利润 454.6 万元，发放职工工资 140 万元。

醴陵市祥云自动化机械设备厂　创立于 2012 年，地处浦口镇浦口村。企业总投资 500 万元，其中固定资产 300 万元，流动资金 200 万元，企业员工 32 人。主要生产鞭炮全自动数控插引机，年生产能力 2000 万元。企业成功研制出全自动数控插引机，乃全国首创，使用性能简单、稳定，速度快，效率高。数控插引机销往全国 23 个省。

祥云自动化机械设备厂（2018 年）　　张家亮　摄

2016年，公司完成工业总产值800万元，销售收入740万元，缴纳税金35万元，利润60万元，发放职工工资65万元。

工业门类

机械机电

20世纪50年代初期，浦口仅有几家小农具机械修理店。1970年浦口公社成立农机厂，后县二轻公司在浦口建农具厂。1990—2013年，境域内先后成立花炮机械厂16家，矿山机械厂1家，机电有限公司1家，各个机械厂的生产加工经历了由半机械、机械、自动化机械，到全自动数控机械的发展过程。

浦口机械工业门类主要有如下几种。

花炮机械类，包括引线机械、结鞭机械、插引机械、装药机械、滚筒机械、卷筒机械、切边机械、封口机械、切割机械。

矿山机械类，包括打砂机械、打金、洗金机械。

机电设备类，涉及多种行业，如太阳能、光伏、金融系统等。

2016年全镇有机械制造厂18家，从业人员620人，生产68种机械，总产值18800万元，占全镇工业总产值的8%。

矿山机械 浦口矿山机械创建于20世纪90年代初期，开始在浦口新街有3家个体户加工矿山机械配件。1992年醴陵市浦口中鑫机械厂成立，主要生产打砂机和打金机、洗金机。打砂机有颚式破碎机和锤式破碎机，打金机有锤破机和粉磨机。产品大部分出口南非等国，年产量1500台以上，2016年完成工业总产值800万元，缴纳税金10万元，实现利润80万元，发放职工工资80万元。

机电设备 2014年，成立醴陵市创兴日能机电有限公司，投资800万元，占地面积15000平方米，建筑面积7000平方米，从业人员80人，主要产品涉及多种行业，如太

浦建房产（2017 年）　　浦口镇政府　供

阳能、光伏、金融系统、工控系统、电力设备、鞭炮机械、自动售货机等钣金结构件的生产制造。年设计产值可达 3000 万元。2016 年完成工业总产值 3179.3 万元，缴纳税金 40 万元，实现利润 60 万元，发放职工工资 30 万元。

建筑业　历史上，浦口民间从事建筑业的个体手工业者较多，有泥工、木工、砌工、砖瓦匠等。民国年间，河溪头能工巧匠陈盛芳兄弟，因砌安源煤矿烟囱及倡建醴陵渌江石拱桥，一时名气大振，入门学艺与之从事建筑工程者猛增。20 世纪 50 年代，民间有少量工匠分散从事建筑业，未形成产业规模。1965 年，浦口公社成立浦口工程队，承担各地工程项目。1989 年浦口工程队更名为浦口工程公司，1999 年浦口工程公司实行体制改革，于 2000 年成立湖南浦建集团建设工程有限责任公司。

1965 年 5 月，成立浦口工程队，属浦口公社集体企业，当时有员工 35 人，无资金、设备及专业技术人员，隶属公社联合厂统一核算，队址在浦口冷水坑火车站。由于集合了一些从事建筑的民间能工巧匠，一直承包一些工业与民用建筑，并得到逐步发展。1965—1970 年，主要承建城乡仓库及民用建筑，1971—1980 年，建筑工程业务扩及外县。先后承建溆浦县、浏阳县、茶陵县、浦口本地以及醴陵市区一些工程建筑。1980—1986 年，主要承建株洲市、醴陵市一些工程建筑。随着工程建设业务量迅速增加，队伍也不断扩大，1986 年有员工 568 人。1987 年浦口工程队更名为浦口

建设工程场地（2017 年）　　浦口镇政府　供

工程公司。1997 年升级为湖南省二级建安企业。所建工程多次获湖南省“全优工程”奖。1999 年，浦口工程公司实行企业改制和资产转让，转为股份制企业。

2000 年，浦口组建建筑龙头企业——湖南浦建集团建设工程有限责任公司，企业注册资本 5020 万元，固定资产 5000 万元，办公建筑面积 1500 平方米。公司成立后，企业不断壮大，发展成集工业与民用建筑工程施工、水电安装、装饰、农田水利工程、市政公用工程、古建筑施工建设为一体的国家二级建筑施工总承包企业。公司有建造师 20 人，有中级技术职称 86 人。公司自创建到 2016 年，先后有 400 多项工程一次性验收合格，合格率达 100%，优良率常年保持在 50% 以上。

浦建集团办公大楼（2017 年）　浦口镇政府　供

2016年浦建集团企业总资产13388万元，其中固定资产5000万元，完成工业总产值3亿元，缴纳税金405万元，实现利润176万元，发放工资2500万元，从业人员408人，施工面积499995平方米，完工面积42万平方米。

建材业

境域内建筑材料产业主要有石灰、水泥、水泥制品、水泥彩瓦等。2016年建筑建材工业总产值30640万元，占全镇工业总产值的13.12%。

水泥 浦口水泥产量高峰期为1994—1995年，年产量4万吨以上。镇属浦口水泥厂，是唯一一家水泥生产企业，1987年兴建，1988年年底竣工，厂址位于浦口镇冷水坑（现浦东商贸城所处地），总投资600万元。厂区占地面积56亩，建有车间3栋、生料园库4座，水泥熟料园库5座，以及一批配套的楼房建筑，有机械设备260台（套）。年产4.4万吨机立窑一座，建筑面积4800平方米，全厂职工152人。1989年7月投产，当年生产水泥6000吨，产值95万元。1994年、1995年分别年生产水泥42500吨、41800吨，达到了满负荷生产。1995年总产值1074万元，缴纳税金50万元，实现利润82万元，发放职工工资67万元。1996年，因亏损较大停产。

石灰 浦口自20世纪60年代开始生产石灰。镇属浦口石灰厂1971年正式投产，年产石灰50吨。1985年增加一座流水窑，年生产石灰3047吨，日产石灰8吨多，年产值15.6万元，实现利润1.48万元，到1986年产值增至22万元，利润2.11万元。

1971—1989年浦口石灰厂共完成产值149.66万元，缴纳税金3.74万元，实现利润14万元，发放职工工资40.6万元。

水泥制品 浦口在20世纪80年代就有水泥预制场，先后共有6家。浦口工程公司于1983年成立水泥制品预制场，从业人员16人，年产值60万元，主要生产水泥空心板，门、窗梁及小板。1999年工程公司改制后停产。相继有三铺预制场、天符预制场、冷水预制场、河泉预制场、李洲预制场、茅坪预制场成立，主要生产预制空心板、踏步板、门窗梁及栏杆和小板。以上6家预制场2016年总产值520万元，从业人员28人，发放工资86万元。

水泥彩瓦 境域内有水泥彩瓦厂2家。三惠彩瓦厂成立于2000年，投资60万元，占地面积4000平方米，建筑面积800平方米，从业人员12人。永恒彩瓦厂成立于2001年，投资70万元，占地面积4000平方米，建筑面积2000平方米，从业人员16人。主要生产民房和厂房屋面盖瓦，有红、蓝、绿3种颜色。两家彩瓦厂年设计生产能力可达

2000 万元，但随着房屋装饰档次的提高，以及钢结构屋面的推广和烧制瓦的发展，使用水泥彩瓦的用户逐步减少。2016 年，2 家水泥彩瓦厂完成工业总产值 120 万元，发放工资 18 万元，实现利润 8 万元。

包装业 随着陶瓷、花炮产业的迅速发展壮大，对包装业的需求迅速增加。自 20 世纪 80 年代初，浦口包装业开始起步发展。到 90 年代末共有 6 家包装企业。其中镇属浦口纸箱厂和湖南森达纸制品有限公司先后发展成为骨干企业。

1982 年 12 月创办镇属集体企业浦口纸箱厂，将原浦口农机厂的周转金再加公社企业办拨款 1 万元用于启动，厂址设天符村麦子坝。同时购置一套新型制造纸箱设备，可实现机械化和半机械化生产。1984 年 10 月与株洲出口商品包装公司联营，投资 10 万元作流动资金，完善在建厂房车间，建立供销队伍，扩大对外销售，当年产值 47 万元，利润 3.8 万元。1985 年市场需求扩大，再次扩建和改建 3 栋车间和仓库，添置设备 3 台，职工增加到 138 人，生产总值 100 万元，缴纳税金 4.9 万元，利润 5.64 万元，发放工资 8.8 万元。1986 年生产快速发展，并与醴陵群力瓷厂联营，群力瓷厂投资 10 万元作流动资金，全厂纸箱包装业务 50% 归浦口纸箱厂生产，产值 60 万元。又添置一整套纸箱生产成套设备。

随着出口包装市场逐年增多，为提高出口产品质量，攻克玉米粉黏合剂难关，浦口纸箱厂厂长朱发科带领研发人员研制玉米淀粉黏合剂，终于成功制成合格的黏合剂。使用黏合剂的出口包装箱和内盒由中国商检局检验合格。由此，出口包装箱大量生产，产品销往本镇花炮厂和各村级花炮厂，以及醴陵、浏阳、萍乡、株洲等地。1986 年总产值 170 万元，缴纳税金 11.04 万元，实现利润 8.5 万元。1987—1989 年企业稳步持续发展。1990—1996 年花炮纸箱销售有所下降，企业开辟新的业务渠道和新的产品包装，有餐具、茶具、酒具包装、手提式礼品包装箱和包装盒、礼品烟花手提式包装箱和包装盒等，效果较好。1996 年，有固定资产总额 127 万元，流动资金 110 万元，厂房办公楼 6 栋，计 5800 平方米，全厂员工 138 人，全年生产总值 510 万元，缴纳税金 23.9 万元，实现利润 20 万元，发放职工工资 34 万元。1997—1998 年，企业陷入困境。1999 年改制，由私人租赁经营，年底停产。最后由镇政府将厂房设备变卖。

1997 年，创办湖南森达纸制品包装有限公司，地处浦口镇新街，投资 10 万元，购置一套简易纸箱设备，厂房租用浦口出口花炮厂分厂车间和仓库。从业人员 30 人，年产值 100 万元，主要生产出口商品包装箱。2010 年投资 600 万元，购置一条 2 米全自动

湖南森达纸制品包装有限公司生产车间（2018 年） 张家亮 摄

蜂窝纸板生产线。新建车间一栋，建筑面积 4000 平方米，年生产蜂窝纸板 400 万平方米，主要生产电瓷、电器、机械电子的蜂窝纸箱纸护角、纸托盘、卫生纸棺等产品。年产值 3000 万元。至 2016 年，公司占地面积 4 万平方米，建筑面积 3.5 万平方米，企业总资产 3191 万元，从业人员 92 人，其中专业技术人员 26 人。总产值 2291.41 万元，销售额 22425.79 万元，缴纳税金 31 万元，实现利润 132.2 万元，发放职工工资 104 万元。

20 世纪 90 年代末，浦口又相继创办几家纸箱厂，分别是：辉翔纸箱厂、浦口战友纸箱厂、宏达纸箱厂、新华纸箱厂。这 4 家纸箱厂均生产普通纸箱，专供内销鞭炮、花

浦口纸箱厂生产车间（2018） 张家亮 摄

炮、日用陶瓷品包装箱，产品销售仅限醴陵市范围内。因资金不足、设备简陋、技术力量不强、销售市场受挤压等因素，分别于2002—2010年停产。

印刷业 20世纪50年代初期，浦口老街曾有一家印刷店，有一部小型圆盘印刷机，备有数盘常用铅字，印刷一些信笺、鞭炮招贴、食品盒招贴等。1965年浦口公社成立一家手工联合厂，1969年增加印刷业务，以供花炮封装招贴和社会需求，逐步获得发展，成为专业印刷厂。1983年实行体制改革，印刷厂址迁到浦口新街，正式改名为浦口印刷厂。1986年厂内生产由手工转向机械化半机械化操作，1987—1993年企业平稳过渡，年产值在120万~170万元之间。1994年停产。厂房设备由镇政府转让给浦东橡胶厂。

1994年以后，境内又相继办起了天符印刷厂、三湘印刷厂、旭日彩印厂、金丰彩印厂、顺发彩印厂，主要承担花炮包装印刷等业务。至2016年，尚有旭日、金丰、顺发3家印刷厂在生产经营，以上3家印刷厂年产值220万元，从业人员18人。

家具制造 历史上，浦口居民所用家具，由工匠（木匠）到各家各户上门制作。1993年成立浦口时代家具城，始有普通家具生产。进入21世纪，相继创办几家家具厂，家具制造逐步成为浦口新兴产业。2016年境内有家具厂4家，其中红木家具厂1家，园艺装饰品厂1家，企业总资产1100万元，占地面积55亩，建筑面积17100平方米，工业总产值2400万元，缴纳税金10万元，实现利润290万元，发放工资256万元，从业人员64人。

红木家具（2018年） 张家亮 摄

其他工业

20 世纪 70—90 年代，浦口曾发展初具规模的日用瓷。2000 年后，浦口又相继发展了一些其他产业。至 2016 年，共有其他产业 48 家，其中碳化硅厂 2 家，碳素厂 1 家，橡胶厂 1 家，工业皮带厂 1 家，金刚石磨具厂 2 家，不锈钢门业 38 家，矿产业 2 家，食品加工厂 1 家。2016 年 48 家企业总资产 7445 万元，占地面积 668.5 亩，建筑面积 148446 平方米，从业人员 906 人，完成工业总产值 11148 万元，缴纳税金 467.5 万元，实现利润 990 万元，发放工资 1615.2 万元。

日用瓷 1973 年年底，浦口始有日用瓷生产，主要做中碗（菜碗）。起初全系手工操作，后购置施釉机、打线机、精坯机、型坯机等，逐步转向机械半机械操作。1975 年，购置球磨机、滚压机、练泥和榨泥设备，安装成型自动生产线 1 条，修建 60 立方米方窑 1 座，投产 5 寸（约 6.5 厘米）英碗，后集中为南京一些出口类企业生产出口乳钵。

浦口日用瓷生产（2018 年） 浦口镇政府 供

日用瓷（2006 年） 浦口镇政府 供

1978—1979 年，承接联邦德国 80000 套研钵订货，生产最为兴旺。此后市场发生变化，日用瓷滞销，产品积压。1980 年又改产 5 寸英碗。

1993 年，在冷水村境内征地 30 亩，投资 470 万元兴建一个炻瓷厂，又建有厂房 6000 平方米，购置机械设备 102 台件，流水隧道窑二条，主要生产盘、碟、碗、汤钵等产品，产品大部分出口，远销 20 多个国家和地区。1994—1996 年，日用瓷英碗系列销售旺盛。1996 年生产英碗 400 多万件，炻瓷 800 多万件，总产值 1020 万元，销售 980 万元，缴纳税金 68 万元，销售利润 38 万元，发放工资 98 万元，在厂职工 328 人。比 1986 年产值增加 840 万元，增长 4.67 倍，销售利润增加 32 万元，增长 5.3 倍，工资增加 87 万元，增长 7.9 倍。1997 年日用瓷产品市场滑坡，效益下降，企业实行改制。同年 10 月将两厂拍卖，浦口日用瓷厂转让给浦口电瓷有限公司，浦口炻瓷厂转让给华润瓷业有限公司。

碳化硅 碳化硅产品用途是专供电瓷和其他陶瓷产品烧成所用的耐火窑具，有经久耐用、耐火温度高、不掉落灰砂、不变形等特点。2004—2009 年，境域内先后创办 2 家碳化硅厂，即新洲碳化硅厂和华恒碳化硅厂。2016 年两家碳化硅厂完成工业总产值 860 万元，缴纳税金 52.8 万元，实现利润 24 万元，发放工资 85.2 万元。

碳素业 浦口碳素业是从河南引进的一项新型产业项目，产品是用于钢铁厂窑炉用高温耐火材料。1998 年创办醴东碳素厂，总投资 800 万元，占地面积 12000 平方米，建筑面积 6000 平方米，从业人员 20 人。2016 年完成工业总产值 600 万元，缴纳税金 16 万元，发放工资 60 万元，实现利润 20 万元。

橡胶业 于 2000 年从醴陵市橡胶厂引进橡胶生产项目，创办浦东橡胶厂，总投资 300 万元，占地面积 10000 平方米，建筑面积 3000 平方米，从业人员 20 人。主要生产

橡胶三角带E型
Rubber V-belt No.E
2500mm-15000mm

橡胶三角带D型
Rubber V-belt No.D
2500mm-15000mm

橡胶圈（2018 年） 张家亮 摄

金峰工业皮带生产车间（2018 年） 张家亮 摄

工业皮带产品（2018 年） 张家亮 摄

三角传动皮带和平板运输皮带。2016 年完成工业总产值 400 万元，缴纳税金 12 万元，实现利润 40 万元，发放职工工资 28 万元。

工业皮带 自 2010 年开始，由金峰工业皮带厂生产电锯钢带和工业机械运输皮带等产品。2016 年完成工业总产值 70 万元，缴纳税金 2.8 万元，实现利润 10 万元，发放工资 30 万元。

金刚石磨具 浦口有金刚石磨具家庭式作坊 2 家，是 2000 年以后引进的一项新型产业。主要生产电瓷、陶瓷切割片及磨轮、建筑、建材切割片等。2016 年，2 家磨具厂完成工业总产值 98 万元，缴纳税金 3.9 万元，实现利润 16 万元，发放工资 12 万元。

不锈钢门窗 浦口不锈钢门窗是 2000 年以后发展起来的新型产业。2009 年浦口富科达门业公司成立，主要生产不锈钢四门罗马柱系列、不锈钢四门子母门系列、对开门系列、单开门系列、可选门头花系列。年产值可达1000万元。其间，境域内相继有百利不锈钢专业制作、天符李屋不锈钢专业制作等38家不锈钢专业制作厂和家庭作坊。2016年以富科达门业公司为龙头，全境共38家不锈钢门窗业厂商，资产总额4560万元，占地面积247000平方米，建筑面积114000平方米，从业人员570人，完成工业总产值7600万元，缴纳税金190万元，发放工资1140万元，实现利润760万元。

矿产业 浦口境内有丰富的煤炭资源和矿石资源。煤炭有工业用烟煤和民用柴煤，烟煤分布在仙石至花椒荷叶塘、浦口市老街至天符官山口，储量数十万吨；柴煤分布在石山村境内，储量468.7万吨。矿石有石灰石、石英石、铁矿石、页岩石和炭岩石，分布在合水村、仙石村、浦口村、花椒村境内，储量数亿吨。

境内有马颈坳煤矿和合水横冲石矿，2016年矿产业总产值1520万元，缴纳税金190万元，从业人员243人，发放工资260万元。随着资源保护和环境保护工作的加强，其他小型煤矿、采石矿及无证开采户于2010年全部取缔。

醴陵市马颈坳煤矿，属大平山矿区，建于1954年，地处湘赣边界浦口镇泮川村（原属王坊镇石山村），主产无烟煤中厚煤层开采，发热量在4000大卡左右，最高年产量达7.23万吨。1991年占地面积43861平方米，建筑面积13446平方米，职工311人。有年产6万吨平垌井一对，尚有工业储量468.7万吨。1997年4月停产，1998年破产。1999—2013年实行租赁经营。2016年，整改后可生产原煤9万吨。当年完成产量26780吨，总产值320万元，缴纳税金150万元，发放工资180万元，从业人员203人。

浦口横冲石矿成立于2000年，占地面积160亩，开采面积30亩，岩石层高80米，土层高度18米，主要是石灰石，有部分石英石和黑灰色风化岩石，储量约850万立方米，露天开采。是生产水泥、石灰的主要原料，也是铁路、公路、建筑的主要用材。矿区投资300万元，有挖机、装卸机、风炮机、碎石机等设备，从业人员40人。日产块石、卵石、分子、细砂1000立方米。2016年产量20万立方米，产值1200万元，缴纳税金40万元，发放工资80万元，实现利润160万元。

至2016年，浦口镇已形成电瓷电器、鞭炮烟花、建筑建材、机械工业四大支柱产业。2016年，浦口全镇企业总投资17.05亿元，完成工业总产值86.95亿元，缴纳税金8541.11万元，实现利润46659.5万元，发放职工工资32260.81万元，从业人员11679人，外贸自营出口149216.18万元。

中和水上乐园（2017 年） 明月广告 供

小康社会建设

在经济快速发展中，浦口镇努力改善民生福祉，加强精神文明建设，推动社会和谐发展与全面进步，为“中国乡镇之星”注入丰富而又鲜活的内涵。

发展历程

浦口居民的生活状况经历了一个长期的发展变化过程。

1949 年中华人民共和国成立以前，人们缺衣少食，基本生活条件无保障，普遍处于贫困状态。

20 世纪 50 年代初至 60 年代中期，人民生活条件有明显改善，但吃饭问题并未根本

美丽乡村（2018 年）　　明日广告　供

解决，农民每人年均纯收入 60 元左右，人们仍处于相对贫困状况。

20 世纪 60 年代中期至 80 年代中期，人民生活水平有一定提高，吃饭问题基本解决，人们生活普遍处于温饱型状况。

20 世纪 80 年代中期开始，社会经济加快发展，人民生活水平得到全面快速提高，小康社会建设步伐加快，境域开始进入小康建设阶段。到 90 年代末，约有 60% 的人口达到小康水平，其中 10% 已经率先富裕起来。

2010 年前后，小康社会建设进一步加快，人们逐步从小康走向富裕。小康覆盖面约为 65%，富裕面 35% 左右。

发展目标 20 世纪 80 年代中期，浦口社会经济迅速起步，进入快速持续发展阶段，发展速度和发展水平在醴陵市和湖南省范围内居于前列。进入 20 世纪 90 年代，浦口镇党委、镇政府把小康社会建设作为奋斗目标。1990 年被评为“中国乡镇之星”以后，浦口镇党委、政府提出，用 15 年左右时间，要在 21 世纪初率先建成小康社会，实现经济发展、人民富裕、社会安定、环境优美的目标。

别墅　　浦口镇政府　供

2013年，浦口镇党委、镇政府提出“打造发展升级版，建好湖南东大门”的发展战略，围绕“工业支撑、农业增效、集镇提升、民生改善”目标，继续加强小康建设。

2015—2016年，浦口镇小康建设发展重心为产业升级、平安建设、形象塑造、生态优化。把辖区作为一个生态、文化、旅游、产业汇集地进行规划、建设和管理，打造开发引领区、全域旅游示范区、特色农业优势区、城乡一体样板区。具体内容是以“创新驱动”为内容，以产镇融合为途径，围绕全镇四大支柱产业，打造境域内人才与资源聚集洼地，实现更大范围、更高格局配置优质资源，培育浦口产业发展的龙头标杆企业。同时努力建设全域旅游生活圈、主客共享休闲旅游区。以“绿色发展，两型引领”为驱动，形成绿色产业发达，生态经济主导的产业区。以“社会和谐，人民幸福”为目标，强化集镇建设，打造安居乐业，和谐共生的大家园。

从温饱向小康过渡 围绕各个时期的发展目标，浦口镇的小康建设稳步推进，顺利实现从温饱到小康的过渡。

1979年开始，浦口镇全面贯彻落实中共十一届三中全会精神，改变原有大集体的生产经营管理体制，全面实行家庭联产承包责任制，农民积极性空前高涨，加上农业科技水平逐渐提高，粮食亩产400多千克，基本上解决了温饱问题。随着经济的发展，电力、交通、通信等基础设施建设开始加快。浦口境内开始有了简易公路（冷水坑—马颈坳），而第一条高压供电线路的架设，让全镇农民逐步告别了用煤油灯照明的历史。农民开始有结余，居民住房开始由土木结构转向砖混结构。

浦口民居（2017年） 张文祥 摄

20世纪80年代，浦口人抓住改革开放先机，大力发展经济，全镇烟花鞭炮、电瓷电器产业进入创业阶段，并迅速发展，至80年代末，全镇有84家企业，就业人数达4500余人，全镇人均收入达到3600元，人民生活水平得到根本改善。收音机、自行车、电视机、缝纫机等家用电器开始进入家庭，居民住房条件改善，全面改为砖混结构的楼房。

20 世纪 90 年代，全镇经济发展进一步提速。1999 年全镇人均收入达到 5800 元，小康建设进一步加快。居民普遍盖起了新房，由原来的普通平房转变为小高层建筑，衣食住行条件全面改善。

小康建设指标　根据国家权威机构规定，全面建成小康社会目标的实现程度用一套基本指标进行衡量。根据这套基本指标，2016 年浦口镇的实现值如下。

2016 年浦口镇全面建成小康社会目标的基本标准实现值一览表

表 13

指标名称	计量单位	目标值	2016 年浦口镇实现值
人均国内生产总值	万元	11	14
城镇居民人均可支配收入	万元	5	5.5
农村居民家庭人均纯收入	万元	2.5	2.8
城镇人均住房建筑面积	平方米	32	35
城镇化率	%	65	25
大学入学率	%	20	22
每千人医生数	人	3	3.3
城镇居民最低生活保障率	%	95	98
人均储蓄存款	万元	3.2	3.6
居民文教娱乐服务消费占消费总支出比重	%	18	20
居民安全饮水比率	%	100	100
基本医疗保险覆盖率	%	90	92
基本养老服务补贴覆盖率	%	50	58
高中阶段毛入学率	%	95	96
平均受教育年限	年	11.5	11
每千人拥有医疗床位	张	4	4.5
村委会自治达标率	%	90	100
社会安全指数	—	100	100
城镇建成区绿化率	%	26	28

民生工程

发展地方经济 浦口镇虽然有良好的交通地理条件，但历史上经济发展水平不高，虽相比于周边稍显活跃，但毕竟社会生产力整体水平低下，人们谋生手段不多。浦口老街虽然是当地商业中心，但中华人民共和国成立初期也只有4家店铺，规模不大。直到二十世纪六七十年代，各行各业经营门店才有所增加。

浦口镇经济起步发展，始于20世纪80年代中期。农村家庭联产承包责任制得到落实，大批剩余劳动力向工业、商业、服务业转移，走向多种经营。老街路旁两侧摆摊建店，个体专业户不断涌现，出现商业、修理、运输、建筑、百货、农资等服务业。1986年，集镇拥有商店22个，村办商业服务业3个。1990年村民进镇建房172户，3760人，个体商业187人，全镇办证商户335户。随着第二产业和第三产业的发展，从业人员逐年增多。各村积极筹资，村村建有集贸市场，商品流通加快，年土特产品吞吐量近百万吨。

工业方面，依托传统花炮产业发展带动，各类企业应运而生。从全力发展乡镇企业开始，浦口镇始终把经济建设摆在头等位置，不断加大投入，抓项目引进，抓企业扶持，着力打造工业聚集区，提高制造业水平，培育出鞭炮烟花、电瓷电器、机械制造、建筑建材等支柱产业，并形成规模，构成浦口经济的主体。1985—1999年，镇、村、户3级用于产业发展的投入达十多亿元，加上项目引进、争取上级资金等渠道，全镇完成的产业投入在20亿元以上。

2000—2017年，全镇镇、村、户及各类企业继续加大产业投入，共完成工业投入30余亿元，培育引进关联度大、主业突出、创新能力强的龙头骨干企业。至2016年，出现年销售额超亿元的企业42家，突破3亿元以上企业1家。同时实施品牌战略，创建省级以上著名商标或名牌产品8家，其中国家级2家。淘汰高污染、高能耗企业80

多家。企业数量虽然减少，但生产规模却扩大了。

农业方面注重科学种田，大力发展大棚蔬菜、瓜果、专业养殖等。实施土地良性流转，大量外部资金进入，注册成立上规模的合作社有 40 多家，各种农产品远销周边各省。

广开就业门路 浦口镇人口稠密，地少人多，有大量劳动力。20 世纪 80 年代初期，农民在自耕自种责任田外，大都寻求外出打工。

随着地方经济加快发展，农村经济结构和产业结构发生深刻变化。特别是工业规模逐渐扩大，为农民提供了大量就业机会，很多农民不再外出务工。为了适应这一新情况，镇政府积极搞好就业服务，自 2000 年起，每年投入 10 万元，分期分批举办培训班学习，让每个学员掌握一技之长，做到学有所用。镇政府出面与各厂挂钩联系，解决就业。

截至 2006 年，全镇 300 多家企业安排就业 22000 人，其中华鑫电瓷厂 870 人，赖氏烟花引线厂 700 人，中兴花炮厂 412 人，华银电瓷厂 105 人，湘印机械厂 100 人等。

2013 年，全镇又新增就业岗位 5000 个，建立了浦口人力资源市场。

2015 年，全镇从业人员达 25000 人。除本镇范围以外，还有周边乡镇村及外地务工人员 1800 余人。

随着交通、通信的发展，人才流动呈加快趋势，加上浦口工业生产机械化、自动化水平不断提高，就业岗位时有减少。2000 年以后，全镇仍有 1300 人在外省市创业发展，产业点分布在江苏、广东、浙江、安徽等省份。厂家有大有小，有机械制造、房产开发企业，化妆日用品、商业连锁店等。2016 年全镇外出务工人员达 5000 多人。

各种农村专业合作社的成立，也解决了很多人的就业。2015 年，荣坪村开发 1800 亩大棚辣椒育苗，通过网络销售，全年创收 9000 万元。2016 年，大棚育苗面积增加到 2500 亩，实行科学管理，采用膜下滴灌，员工达到 500 人。

完善基础设施

在小康社会建设中，关系社会经济发展和民生福祉的基地设施建设得到全面加强。交通路网全面形成，进一步凸显了浦口的区位优势。水、电、气、通信事业快速发展，助推浦口经济全面提升。

交通 浦口镇地处醴陵东部交通要道，历来水陆兼备，交通便利，区位优越。历史上主要靠澄潭江的航运经渌口出湘江。

澄潭江（2017 年） 张文祥 摄

1960—2003 年，境内有醴浏铁路（窄轨）穿越，设有冷水坑车站。

公路是浦口镇最主要的交通线路。浦口镇距沪昆高速醴陵东互通口和沪昆高铁醴陵东站仅 10 分钟左右车程。境内主要公路有如下几条。

106 国道，原称浏醴公路，横贯浦口境域，境内长 7.5 千米。

106 国道（2017 年） 张文祥 摄

县道冷金公路（冷水坑—金鱼石）。1958年9月修建一条自冷水坑连接浏醴公路，经普口市渡口至王坊马颈坳煤矿的简易公路，其中从起点至渡口段4.5千米划属浦口公社建。1979年浦口大桥落成，公路从联盟分叉经王坊至萍醴交界地金鱼石，可通江西省萍乡市。1996年10月全线路面实施砂改油。

乡道茅合公路（茅坪—合水）。1978年3月浦口公社兴建自茅坪至雪峰山水库、石灰厂的简易公路。现已延伸到合水口分叉到邹境和烟狮。

乡道保山公路（保丰—山塘）。2001年冬投资400万元修建一条自山

冷金公路（2017年）　　张家亮　摄

茅合公路（2018 年）　　张家亮　摄

塘连接 106 国道，经河泉、荣坪、天符、李洲、三铺、保丰 7 个村长 9.7 千米的保山公路。

村组道路建设也得到加强。2005 年，自筹资金 600 万元，保丰村新修村道 9.1 千米，碧泉村 5.1 千米，李洲村硬化道路 2 千米。

2007 年，合水、河泉、茅坪 3 个村投资 310 万元，水泥硬化村道 14.2 千米，其中合水投入 200 余万元，硬化 9.8 千米。

2008 年，茅坪、冷水坑、贯古硬化村道 18.2 千米，碧泉合水修整组道 50 千米。

2009 年，荣坪、茅坪、贯古完成村主干道路硬化，至 2010 年，境属所有村道规范、硬化率 100%，组组通水泥路，形成十分便利的交通条件。

2016 年浦口镇各村道路硬化情况表

表 14　　单位：千米

村、社区名称	总里程	村、社区名称	总里程
保丰村	17.5	贯古社区	11
三铺村	17	茅坪村	13.6
李洲村	31	仙石村	11.8
天符社区	12	合水村	17.5
荣坪村	5	王坊社区	7.5
河泉村	9.8	联盟社区	4.95
花椒村	21.7	泮川村	8
浦口村	35.7	荷花垅村	15

供水　历史上，境域内沿澄潭江及溪河两岸居民主要饮用江河水，山区取山泉水，丘陵区取塘水，平原取井水或塘水饮用。水质无污染，清澈纯净。随着人口增加和工农业生产的不断发展，水源受到污染。

至 1982 年，全境掘建压水井 1663 口，全境饮用井水达 85%。1985 年，浦口集镇新区建设中投资 25 万元，在冷水坑打机井 3 口，建日产 1200 立方米自来水厂，铺设 2480 米输水管道，1988 年投产，供集镇及企业 6000 人的饮用水。2009 年王坊自来水厂建成，

山泉水（2018 年）　　张家亮　摄

供联盟、王坊、荷花等村村民1400余户用水。2010年投资1600万元，引雪峰山水库之水，建成浦口自来水厂，日供水2万吨，供全境各工矿企事业单位、居民日常用水。其余靠山各村主要采取山泉引流等方式进行供水。浦口村“梦碧泉”水厂于1995年建成投产，“梦碧泉”桶装水销往长沙、株洲、醴陵等地，供城乡机关单位和居民饮用。

凤沼古泉（2017年） 张文祥 摄

供电 1958年浦口人民公社成立后，在水口石坳上试行水力发电，但电力不足。1959年改用小型柴油发电机，供浦口机关和老街居民照明，是为境内用电的开端。1964年开始架设高压电线。到1976年，全境有高压线路10千伏13.5千米，低压电线路400伏25千米，机埠拥有15台、149千伏，电力排灌4台、14千伏，灌溉面积2400亩。

截至1986年，全镇境内已拥有高压线路10千伏101千米，低压电线400伏97千米；拥有电动机60台、580千瓦，灌溉面积4300亩，总用电量1700千瓦时，其中照明用电280千瓦时。

至2017年年底，境域内有专用变压器36台，容量6120千伏安，农村公用变压器152台，容量26385千伏安，用电量3500万千瓦时（不含王坊社区、联盟社区、荷花村、泮川村）。

2005—2017年浦口镇用电情况统计表

表15 单位：万千瓦时

年度	用电量	年度	用电量
2005	768	2012	2772
2006	1386	2013	2902
2007	1993	2014	3075
2008	2292	2015	3150
2009	2294	2016	3307
2010	2606	2017	3500
2011	2668	—	—

供气 液化气。20 世纪 90 年代初，部分村民开始使用清洁能源液化气。2003 年华鑫科技股份有限公司等 7 家电瓷厂改建窑炉使用液化气生产，提高了产品质量，降低了生产成本，减少了污染。

天然气。2006 年 6 月 1 日天然气醴浦支线工程竣工通气，浦口成为醴陵市第一个利用天然气的乡镇，截至 12 月，镇内华鑫、华能、军力等 15 家电瓷、炻瓷企业用上天然气能源。年内全镇企业共改建窑炉 16 座，计 480 立方米。改用天然气后，企业生产燃料成本降低 58% 以上。

2012 年，集镇 520 户居民装上天然气，大大方便了人们的生产生活，浦口镇也成为醴陵市第一个集镇居民使用天然气的乡镇。

2013 年，统一规划燃气管道铺设，实行逐村完成天然气入户工程。2015 年，有 10 个村农户家庭用上了天然气。

邮政通信 1993 年，浦口开通程控电话，政府机关、工、矿、企事业单位首先安装，可直通全国各地。1995 年有三铺等 6 个村为电话村，实现 90% 的农户有程控电话。

2002 年，根据用户需求，通过“ADSL+ 光纤 +LAM”的形式延伸到农村，11 月 24 日在浦口镇开通 ADSL，浦口中学师生成为醴陵农村第一个通过宽带上网的用户。2002 年年末，镇第一家营业性网吧开业，随后，手机、计算机迅速普及，各种现代化通信网覆盖全境，不仅能进行国内外语音通信，还可以利用互联网获知即时新闻，可随时查阅资料、聊天、玩游戏，进行远程教育和医疗等。

2006—2016 年，浦口镇基础设施建设完成投资 10 亿元，形成完备的路、水、电、气、油的设施网络体系。实施全镇交通畅通工程，冷金公路全长 12.4 千米油路铺设，浦口大道下水道 10 千米改造，新增变压器 50 台，天然气入户率达 75%。扩建 1 万吨、800 吨、600 吨自来水厂 3 座，保证集镇自来水入户率 100%。信息网络更加便捷、安全。

优化境域环境 为改善居住环境，建设生态宜居城镇，浦口镇政府先后投资 3.7 亿元改造旧城区。以街道建设为核心，沿 106 国道、冷金公路、保山公路、茅合公路，实施道路沿线及浦口镇老街区域环境整治，拆除沿线两侧参差不齐的棚盖 420 处，不符合标准的广告招牌 180 处。同时，着力打造绿色村庄——贯古村，美丽乡村——三铺村。在醴东商贸城等 3 个新区建立园林绿化体系、水质水源大气保护体系。实施绿化亮化洁化工程，至 2016 年，全镇绿化覆盖率 65%。共安装路灯 3000 盏，建设镇区绿化带 17 千米。建立健全环境卫生长效保洁机制。

和园（2017 年）　张文祥　摄

秀美环境（2018 年）　浦口镇政府　供

积极引导居民向浦口镇中心区域聚居。推进“十村连片”项目，改善人居环境，各村统筹规划，精心设计，周密实施，至2016年建有40余幢安置住宅，其中商贸城安置房2幢，安置了从山区官庄搬迁来的84户居民。

发展公益事业 在完善教育、卫生、文化、体育等公益性社会事业方面，政府投资3.8亿元，初步形成结构合理、保障有力的社会事业体系。2012—2016年完成联盟、保丰、荣坪等村级小学教学大楼的建设。

浦口境内老年人养老、医疗保险参保率达98%；投资2000万元，构建了镇政府行政服务中心、综合执法中心、就业保障、精准扶贫服务中心和应急维稳中心等五大中心。

至2016年，浦口镇九年义务教育入学率达到100%，高中段升学率达到98%。镇中心医院有床位32张，医护人员24人，有村级卫生服务点19个，建立2个规范化农村社区卫生服务站。农民健康档案建档率达到90%以上，新农村合作医疗参保率稳定在98%以上。每个村设有图书阅览室、广场舞蹈队、龙灯、腰鼓队，10个村级单位设有健身娱乐场所。

全面消除贫困 由于各方面原因，至2010年，浦口镇仍有贫困户和特困户近500

图书阅览室（2018年） 张家亮 摄

户。镇党委、镇政府注重加大扶贫力度。

实施“阳光雨露计划”，加大对贫困人口的职业技能培训，设立专项资金，确保贫困家庭职业培训全覆盖。加强与企业用工需求对接，促进贫困人员就近就业。2010—2016 年，举办各类培训班 160 期，培训 3000 人次，实现贫困人口转移就业 720 人次。

优先向贫困村、户安排水、电、路、房等基础项目建设。利用雪峰山水库水源，建造自来水厂 2 座，保障居民安全饮水，其中惠及贫困人口 2000 多人，加强对贫困人口的电网、路网建设。

推进贫困村公共文化设施建设，实施广播电视、宽带网络户户通工程。推动贫困村卫生室、幼儿园合理布局，完善贫困人口医疗救助优惠政策，提高医疗服务水平。提高特殊残疾人员补助标准，将重度残疾人特殊生活补助标准提高到 100 元 / 人 · 月，对一户多残贫困户发放生活补贴 100 元 / 人 · 月。

推行易地搬迁新模式。全镇有两个山区村，即合水村、泮川村，有人口 8140 人，一部分居民在山沟尾部，山高路远，羊肠小道，坡陡路滑，小孩上学读书要走 15 千米左右的路程，交通不便，有的生活必需品全靠肩挑背扛，生活条件落后，基础设施滞后。每个组村民居住又相对分散，靠一般的基础建设和公共投入，根本无法在短时间内

农村新面貌（2018 年） 浦口镇政府 供

改变贫困落后面貌。对此，镇政府把贫困户易地搬迁作为扶贫济困举措，将贫困户搬迁至浦口集镇、浦东商贸城等处。原泮川村的石山片区 187 户，整村搬迁到浦口集镇小区。浦东商贸城新建安置房两栋，占地面积 9600 平方米，184 间，安置官庄山区特困户 84 户，267 人，另补助每户 3 万元，安排 47 人就近就业，同时对易地搬迁安置人口进行职业技能培训。

实施免费养老模式。王坊、浦口村建有完全免费的敬老院，房间近 200 间，床位达 300 多个，工作人员 30 多人，每年投入资金上百万元。

生态文明

“两型”社会建设

随着社会经济快速发展，环境保护与资源合理利用成为突出问题。从 20 世纪 90 年代开始，浦口工业进入高速发展阶段，镇党委和镇政府从长远着眼，着手抓环境保护，注重资源的合理开发利用，走可持续性发展道路，努力建设资源节约型和环境友好型社会（简称“两型”社会）。通过培养典型，建设“两型”示范村庄，打造省级绿色村庄贯古村和美丽乡村三浦村，引导全镇“两型”社会建设健康稳步发展。

宣传教育 为了提高人们对“两型”社会建设和生态文明建设的认识，全镇每年举办学习培训班 2 ~ 3 期，培训人员 200 余人，印发“两型”宣传资料 1000 份，宣传标语 40 处，树立大型标语牌 17 处，通过各种形式的宣传教育，在全社会倡导生态文明理念，确立环境保护和资源节约的价值观、道德观和行为准则。

综合管理 建立健全制度，开展“两型”课题研究，提高村民综合素质。加强连片综合整治、示范小区建设。抓好全村道路硬化建设，开展排水渠道清污，完善村民改厨、改厕、改卫工程，加强庭院绿化和村庄绿化、美化，提高村庄绿化覆盖率。采取党员干部分片包干认管认养村庄草地及树木的方式，强化村庄绿化的管理和维护。加强村

村庄新貌（2018 年） 明日广告 供

庄文化建设，在示范村建设 3 个休闲文化广场。

推进节能、节水、节地、节材。2015 年，加强机关日常工作管理，深入节能改造，组织开展部门节能：节约每一度电、每一滴水，每一张纸、每一滴油、每一分电话费、每一件办公用品的“六个一”活动。全镇镇村干部“两型”志愿者 39 人，积极倡导“节能环保，从我做起”“绿色公务”“地球一小时”行动。每年减少公共设施服务费 8 万元左右，节约供电费用 10 多万元，节约水 720 吨，水费 14.4 万元。机关能耗降低 10% 以上。

为打造全新绿色环保，建设宜居新农村，政府投资 160 万元资金，在 106 国道、冷金公路、保山公路、茅合公路、雪峰山水库路旁两侧，实施植树绿化。苗木以樟树为主，种植树苗 4000 多株。冷金公路改造重新启动，在改造下水道的同时，距离路面 70 厘米的路段两旁，成行成排种植树苗。家庭则普遍推广庭院种植花草花卉。

全镇添置洒水车 1 台、垃圾桶 4600 余只，每个村设置垃圾焚烧点，有专职保洁员 2 人，垃圾进行分类处理，做到每天清运。在 12 个村、4 个居委会醒目处粉刷宣传标语 46 处，42 家工厂企业内树立温馨提示牌。

标准化生产 蔬菜种植。在不同的种植区之间，实行水旱轮作、套作制度，科学安排茬口，有效防治连作障碍。在品种选择上，通过先示范、再推广的方式，实现良种覆盖率100%，大棚育苗蔬菜覆盖率100%。

病虫害防治。采用统防统治办法，以生物防治为主，病虫害危害高峰期，严格控制用药量，采用低毒生物药剂，防止药物造成环境污染。生物防治，主要是利用害虫的自然天敌，控制害虫在田间的发生发展。

推广节水、节肥，保温防草新技术。大棚蔬菜育苗全部采用“滴灌+地膜”，可减少60%水肥施用，提高利用率。除草施肥减少90%以上。大棚工厂化育苗技术能有效解决早春蔬菜倒春寒造成的影响。充分利用大棚控温、控湿、控光的作用，达到可控自动化育苗，降低生产成本和农药、化肥的使用量。

建设绿色村庄。2012年全村共投资250万元，天然气清洁能源入户率达到100%，全村286户全部实施了节水厕。不断完善基础设施建设，道路硬化率达到90%以上。道路两旁绿树成荫，风景优美。休闲场所优雅宁静，健身器材齐全。全村配备4名专职保洁员，对村民垃圾进行分类回收，保持村容村貌整洁。2012年贯古村被评为株洲市“绿色村庄”。

大棚蔬菜种植（2018年） 浦口镇政府 供

环境保护与治理

改水 推广饮用清洁水。鼓励村民以屋前屋后挖深井（机井）为水源，在房屋的二层或三层楼安装水塔，利用水塔高度形成简易自来水。20 世纪 90 年代全镇 80% 的农户拥有机井，到 2000 年全镇得到普及，覆盖率达 90% 以上。

支持靠山而居的村民引自然泉水入户。雪峰山水库、梦碧泉都是很好的自然水，分别坐落在合水村、浦口村，容积量为 290 万立方米，可供应合水、东方、仙石、碧泉等 4 个村，3541 户。在合水村中建有蓄水池 2 座，在蓄水池壁上安装水龙头接水，解决了 850 户村民的饮用水问题。

对简易自来水设施进行改进，2002 年逐渐推广使用钢管，通过焊接下钻插入地下水源，装上压水机压缩取水，解决了 7000 余户、21000 多人的饮用水。

随着农药、化肥的过量施用，粪厕的水冲式及畜禽粪便的污染，地面污染源的渗透，使地下水水质超过饮用标准。从 2009 年起，镇政府加大改水工程，通过建自来水厂，解决集镇居民的饮用水。

为确保饮用水安全，规定饮用水源周围 50 米以内不得有渗水厕所、猪圈、畜棚、

湖南省绿色村庄——贯古村（2017 年） 张文祥 摄

饮用水源（2018 年） 明日广告 摄

污水坑沟、垃圾堆和企业有毒有害物质等污染。机井泵房应有严密设施，防止灰尘进入。地面应有不透水材料水泥铺砖，密封井盖，收集自然泉水的水井必须密封，不使污水流入。新建水源和自来水厂应经水质部门进行水质检验检测，符合生活饮用水卫生标准。水塔、集水井、自来水厂蓄水池、减压井均应有盖，不得敞露和直接用水桶在池内取水，防止污染物带入。水塔及蓄水池应有空气管，定期清洗水池。输配水管道采用铁、钢管、聚乙烯塑料管。管道连接应密封、不漏水，埋设在当地冰冻层 20 厘米以下，埋设管道地面不能有粪坑、猪圈、羊舍等污染源。

改厕 20 世纪 90 年代以前，农户家用粪池一般建造在房屋后面，以挖坑铺板为主，对居民家庭生活环境造成较大污染。猪粪池与人粪池相同。家禽是散养，粪便更是四处都有。

为了创造清洁舒适的生活环境，政府注重抓好农户家庭改厕，积极推广卫生厕所，能及时将人畜粪便进行处理，杀死或减少粪便中的寄生虫卵、致病微生物，以预防肠道传染病和寄生虫病。卫生厕所主要有三格化粪池厕所、三联式沼气厕所、粪尿分集式生态厕所、水冲式厕所等几种。浦口镇普遍推广使用水冲式厕所和三联式沼气厕所，从 2000 年起，通过政府倡导，村民自筹资金与政府投入相结合的方式，共投入资金 5000

万元，推广建造沼气厕所与发酵池 1870 座，既解决了厕所造成的环境污染，又解决了 3900 户居民用气问题和 4600 户居民家用照明问题。而且进入沼气池的人畜粪便经过微生物发酵后生成无害、无臭、无病菌虫卵的高效优质有机肥料。沼气池液渣广泛应用于粮田和蔬菜地，达 5100 余亩，形成良性循环。

养殖业的发展，必然形成大量牲畜粪便的排放，且容易对农村环境造成大面积的污染。随着养殖业规模扩大，全镇高峰期养殖场所达 300 多家，仅生猪存栏就 2 万多头。牲畜粪便排放量大，造成臭味弥漫，蚊虫滋扰，给居民生活带来困扰，更是对环境造成污染。2012 年，镇政府对养殖业进行强力整顿，不符合环境保护条件者一律拆迁。对与河道、民宅住地相隔 500 米内的猪圈 75 处，260 间，重新规划建造，废水实行净化处理，直至符合排放标准，并且鼓励粪便资源再利用。

舒适的生活环境（2018 年） 明日广告 供

至2017年，全镇有猪圈1500个，建有沼气池410个，沼气建设管理人员15人，持证技工42人。

工业废水废气治理 1998年，浦口镇有造纸厂4家，建筑面积1500平方米，大都建在澄潭江边。每天造纸12吨，造纸废水日平均4吨，直接流入河道，河水变色，对水质造成严重污染。2012年通过严格的整顿治理，造纸厂全部关闭，以维护澄潭江水质清澈。

2000年后，境域内澄潭江沿岸10余家挖沙场被勒令逐步停业，一改河水浑浊不堪的现象，确保江水碧绿清澈。

2002年，浦口镇有瓷厂14家，陶瓷废水造成污染严重。华鑫电瓷科技股份有限公司由于制坯产生的废水每天达8吨，造成周围80余亩水田污染，附近45户农户生活用水受到影响。2012年公司实行治理废水“大换血”，投资600万元购买先进排废水处理设备，改造工艺设施，利用先进工艺技术，采用科学方法实现废水循环利用。

为从根本上解决煤尘对大气的污染，2006年拆除企业锅炉12台，安装天然气锅炉30台，每年减少煤用量20万吨，减少二氧化硫排放约1200吨，减少烟尘排放1000吨以上。到2016年，浦口冒黑烟的烟囱全部拆除，所有企业皆使用天然气。居民生活所用能源也逐步转为清洁环保的天然气。

清澈的澄潭江（2018年） 明日广告 供

林木青翠（2018 年） 张家亮 摄

植树造林与绿色覆盖

森林资源 浦口境内山林分布主要在北部、东部及中部，有山地面积 64800 亩。土质多为红壤，深浅厚度不一，肥力一般，部分山地石砾较多，除所有石英砾岩裸露外，大都适宜森林生长。是常绿阔叶、落叶、针叶林木混生区。以杉、松、楠竹为主，油茶、棕等次之。

20 世纪 70 年代，浦口有镇属林场一个，面积 3000 亩。镇属林场曾设有育苗圃一个，林场曾派专人学习育苗技术，对培育的树木进行择优培植。另有村属林场 6 个，总面积 28360 亩。

1986 年，全镇由农户承包责任山 37014 亩，其中油茶林面积 2468 亩，杉树林 6727 亩，混交林 6927 亩，其他林木 1479 亩。实存可伐木材 4400 株，杉松林及原有残林计 3751 立方米，加上柴木林积材计重约 2285 吨，楠竹计重 700 吨。随着保护生态环境的需要，植树造林面积不断扩大，综合治理不断加强。至 2016 年，全镇森林覆盖率达 93% 以上。

油茶果实（2018 年） 张家亮 摄

种苗繁育 主要采摘本地杉、松、油茶种为主要种源，晒干后，次年 3 月播种，种苗基地选择背风向阳、土质松软、肥沃的沙质土壤。整好苗圃地，然后用苗钵进行容器育苗，每千克种子可产苗 19800 株，最高可产种苗 25700 株。其间要进行间苗拔草、施肥、防治病虫害。幼苗经过两年的培育才能出售种植。浦口最大育苗基地“立友”苗圃培育杉、松、油茶等树苗 40 亩。2012 年推行油茶优良无性系，成功嫁接 10 亩，成活率达 91%。2015 年，全镇育苗 60 亩，产苗 650 万株。2016 年增加广玉兰、樟树、龙枸等品种，育苗基地达到 80 亩，育苗 700 万株。

植树造林 为保持森林生态平衡，1998 年，对境内山林进行了一次大间伐，维护树蔸的再生能力。

同时，制定生态工程实施计划，组织开展造林工程。1989—2000 年，全镇完成人工造林 11000 余亩，封山育林 28000 余亩，植被覆盖率达 85%。树苗种类日益增多，森林覆盖率从 48.4% 提高到 93% 以上。

2010—2016 年，政府出资 80 万元，购买 26000 余株树苗，发动村民义务植树，进一步扩大镇区绿化覆盖面，主干道及村道皆绿树成荫。至 2016 年，境内种植各类苗木花卉 29.7 亿株。

村道绿化（2018 年） 张家亮 摄

植树造林中，注重生态、社会、经济效益兼顾，因地制宜，根据不同的土壤选择不同苗木树种种植。一般以杉、松、油茶树、樟树等为主，选择适宜抗旱、抗病虫害的树种栽植。提高成活率，增加土壤涵养能力，有效保障造林质量。通过栽种茶树等经济林，实现生态效益和经济效益的有机结合，一些农民每年就经济林一项，获利可达4万元左右。每年的植树节活动，全镇有23000人义务参加。

为保护森林，全镇长期设置护林员岗位，对森林进行管理，防止苗木遭到破坏，保证苗木成活生长。加强森林防火、有害生物防控等工作，做到无重大森林火灾和林业疫源疫病发生。打击破坏森林资源的违法犯罪活动，先后处理相关案件6起。

镇村美化 2012年，经株洲市验收合格，贯古村绿化覆盖率达98%，荣获株洲市绿色村庄称号，2015年申报湖南省绿色村庄。2013年，三铺村荣获株洲市绿色美丽村庄称号。2015年，石山村（后并入沣川村）荣获株洲市绿色村庄称号。

进入21世纪以后，全面推行绿化、美化、亮化、净化、序化“五化”工程，确立宜居优势。实施亮化工程，全镇安装路灯288盏。实施净化工程，统一配有专职保洁员，垃圾分类实行集中清运，浦口镇成功升级为省级卫生镇。实施绿化工程，强化生态文明理念，全面开展镇区、道路、水系、山头、村庄绿化。实施美化工程，结合建筑立面改

美丽乡村（2018年） 张家亮 摄

小康民居 贯古社区 供

造，规范广告招牌。实施序化工程，规范村民建房，统一规范。

浦口镇境域内有国道、省道、市道、县道，全长 30.1 千米，乡道 25.9 千米，村道 87.4 千米。浦口镇做好“四好农村路”示范镇创建工作，保持公路完好畅通。“四好农村路”坚持做到路面整洁，无堆积物、无杂物，雨后路面无积水，及时修补路面坑洼。保持路基边缘轮廓清晰、顺直，路肩整齐、整洁、无高草、无规程物，边坡稳定无缺口、无种植作物，公路边沟排水畅通无阻。保持桥涵构造物完好，桥面清洁，桥下无堆积杂物，涵洞无阻塞，排水顺畅。保持标志、标牌完整清洁。公路养护人员上路作业穿戴好安全标志服，严格执行安全技术操作规程，维护路容。

2012 年，镇政府投资 500 万元，完善升级改造保山公路 12.4 千米和茅合公路 8.7 千米的路面加宽加固，路面由 6 米拓宽至 8 米。2016 年，又投资 1800 万元升级改造冷金公路 10.5 千米为柏油路面，全面改造改建下水道 21 千米。

2013 年，按照建设新农村的标准，打造浦口镇美丽形象，镇政府出台镇村建设长远规划。房屋建造标准一律按规划设计方案进行。醴东商贸城、联华超市、官山居委会安置房，坐落在 106 国道旁，地处冷水坑繁华地带。2012 年动工，2014 年竣工，总建筑面积 36000 平方米，计 2410 间，有 157 户在此从事商业、餐饮业、服务业等，市面

生态绿化示范村贯古村（2018 年）　　浦口镇政府　供

繁华整洁美观。

与此同时，投资 80 万元，在镇村主干道两旁安装太阳能节能路灯 460 盏。投资 3000 万元，高标准建设李洲村居民集中居住小区，共计两栋 5 层楼房，208 间，总建筑面积为 12000 平方米，集超市、农贸市场、文化休闲为一体。别墅群落户数占全镇 12% 以上。

2015 年开展“绿色家庭”“园林企业”“文明镇、文明村组”创建活动，动员村民和企业充分利用厂址、空地、庭院栽种树木，摆放花卉植物盆景，树木绿化面积为 3300 平方米，2016 年全镇新增绿化面积 5000 平方米。筹集资金 150 万元进行老旧村级办公场所建设改造及绿化。2012—2016 年，浦口镇“生态绿化示范村的创建”和“万名农户种万树”活动开展以后，加快了集镇和村旁、路旁、宅旁、水旁绿化美化。沿河两岸栽种树苗 10000 棵。

为建设“两型”社会，搞好环境保护，镇与村、村与组层层签订农村环境综合整治责任状，指导和督促村民将生活垃圾分类处理，要求农户做到垃圾不出门，对全镇村级公共卫生区实行网格化管理，任务到村到组到户。

全镇 12 个村，4 个居委会，聘请专职保洁员 17 名，负责对村级主干道、河道、公共场所和公共区域的日常保洁。2014 年投入 20 万元资金新增环卫车 2 辆，环卫板车 5 辆，再生资源回收点 17 个。

2012—2016 年，围绕改善农村生产生活条件和农村环境综合治理，积极推进“三线三边”环境改造。清理主要街道 3 个，计 7000 余米；清理省道路边杂物 2 千米；清理东西河堤障碍、淤泥、垃圾 5 千米；拆除公路主干道两侧雨棚 172 个，清理店面广告牌 97 个，拆除路灯广告牌 50 个、违章搭建 26 处。

在各村干道拐弯路口，安装转角镜 13 面，修造垃圾池 30 座，新添垃圾桶 4100 余只。加强河道环境保护，成立以镇党委书记为河长，各村支部书记为副河长的责任制，保持河道清洁环保，建立了长效保洁机制。

2014 年，浦口镇被湖南省爱国卫生运动委员会评为湖南省卫生镇，同年碧泉村、贯古村被评为湖南省卫生村，官山居委会、三铺村被评为株洲市卫生村。

精神文明

浦口镇历来注重道德礼仪风尚。数千年来，这里民风淳朴、敦厚，人们交往重义守信，讲究道德修养。特别是随着社会发展进步，文明化水平不断提高，更加促进了精神文明建设。

20 世纪 80 年代，浦口镇经济进入快速发展期。镇村两级即同步开展文明村镇建设。坚持物质文明与精神文明一起抓，荣获全国思想政治工作先进单位称号，并于 1990 年和 1995 年两次获得中国乡镇之星称号。

全国思想政治工作先进典型 浦口把精神文明建设摆在与经济发展同样重要的位置，1983 年，创建醴陵市第一个农村文化中心，兴办湖南省第一个农村万册图书馆。建立村级图书室、广播室、学习室，对农民普遍进行文化和技能培训，努力培育一支有文化、懂技术、会经营的新型农民队伍。

1986 年在河北保定召开的全国文明村镇汇报会上，浦口镇“两个文明一起抓，经济文化一起上”的经验得到推广。在 1987 年江苏无锡召开的全国农村文化中心（站）建设座谈会，1989 年西安召开的全国部分省市文明村镇建设座谈会，1991 年北京召开的全国乡镇企业思想政治工作座谈会等一系列重要会议上，浦口镇都是被重点推介的先进典型。

浦口镇抓精神文明建设的主要经验是“六抓、六治、六变”。即：抓社会风气，治陈规陋习，变淳朴友善；抓环境建设，治脏乱差旧，变村容村貌；抓治安秩序，治违法违规，变遵纪守法；抓文化建设，治低俗颓废，变健康向上；抓干部纪律，治奢靡松弛，变积极有为；抓学习教育，治玩乐懒散，变勤奋好学。同时注重从机关单位抓起，从镇村干部抓起，从细微之处抓起，而且是每年坚持不懈地抓，镇村历任领导班子接力抓，使其成为全镇一种工作常态。正是由于 30 多年来的不懈努力，从而在全镇上下形成良好的社会风尚和发展氛围。在建设工业强镇的历史进程中，实现了经济大跨越，社会更和谐，风气更淳朴，环境更美好，从而有效避免经济发展了，环境变差了，风气变坏了的状况出现，真正走出了一条“两个文明”建设同步发展，同获丰收的新农村建设新路子，也为各地文明村镇建设和社会发展创造了宝贵经验。

中国乡镇之星　1990 年和 1995 年，浦口镇先后两次被授予“中国乡镇之星”称号。在全国 3 万多个乡镇中，评选出全国百颗乡镇之星，浦口镇成为全国乡镇典范。30 多年间，浦口镇一直是醴陵市、株洲市、湖南省的先进典型，连年被评为先进单位或红旗单位。

文明创建活动　自 1990 年起，镇村、机关、企业经常开展文明创建活动，评选文明典型。全镇先后有 3000 多个家庭成为文明家庭，有 98% 的家庭成为遵纪守法户。先后涌现了 10 余个文明村、280 家文明企业。

繁荣地方文化

浦口具有悠久的历史，拥有丰富多彩而又独具特色的地方文化。在精神文明建设中，浦口镇注重发掘地方历史文化资源，以丰富人们的精神文化生活。

建设农民铜管乐之乡　20 世纪 80 年代末期，管弦乐开始流传，浦口农民表现出浓厚兴趣，纷纷学习演奏管弦乐，并从长沙请师傅传授演奏技艺。一些民间团体组织集中培训，最多时有近千人参加，一时兴起了管弦乐热潮。大部分村落都有管弦乐爱好者，并涌现出一大批具有较高演奏水平的乐手。全镇先后组建 7 支铜管乐队。醴陵城乡各种

群众文艺活动（2018 年） 浦口镇政府 供

群众文艺演唱活动迅速增加，浦口的管弦乐队随时出动，到各地参与演奏，每年演出 1200 场次，在周边的醴陵、株洲、长沙、湘潭、萍乡、浏阳形成很大影响。1993 年 11 月，浦口镇被湖南省文化厅命名为“农民铜管乐之乡”。浦口铜管乐队在湖南省“洞庭之秋”文艺调演中荣获一等奖。

打造群众文化艺术之乡 实施改革开放以后，浦口群众文化活动得到较快发展。镇村两级和各机关、企事业单位、社会团体通过各种方式繁荣群众文化。1992 年，先后举办音乐、舞蹈、书画、武术、球类比赛等大型活动 8 场。组建电声管弦乐团、群众文艺演唱团、东方武馆、武术协会等业余文艺、体育团队，开辟 300 多平方米的武术场，多功能文化楼、万册图书馆。1995 年，全镇有 6 家卡拉 OK 厅，4 个电声乐队，15 个锣鼓班、小戏班、年内举办大型群众文艺活动 15 场次，庆典活动 220 多场，人均看电影 7 场。浦口文化站被湖南省文化厅评为“湖南省百强集镇文化站”。1997 年，湖南省文化厅授予浦口镇“群众文化艺术之乡”称号。1999 年，浦口镇被评为“全省亿万农民健身活动先进乡镇”。到 2012 年，浦口镇有民间文艺组织 20 个。

打造平安浦口 进入 21 世纪以后，建设平安、稳定浦口被提到重要议事日程。在全镇开展“平安家庭、平安企业、平安学校”创建活动。每年发放宣传资料 2 万多份，仅 2016 年，评出平安家庭模范户 480 户，平安家庭 7250 户，平安企业 20 家，平安学校 8 家。在平安建设具体实施中，重点针对烟花爆竹主产区的安全生产，坚决杜绝安全事故。对全镇烟花爆竹企业实施有证规范运行，对企业安全隐患进行排查，对非法生产进行整治打击，确保安全生产措施落实到位。

为了维护社会稳定，镇村两级注重及时排查处理各类矛盾纠纷，设立群众工作部，开通短信服务平台，设立干部与群众联系电话，使社会矛盾得到及时化解。

丰富精神文化生活　历史上，镇内居民以农为本，日出而作，日落而息，世代相沿，千古不易。在这种传统生活方式下，浦口人民精神文化生活单调。最主要的精神文化生活也就是看戏、观灯等。

20 世纪 90 年代以后，人们开始从单纯追求物质消费向追求精神文化消费和服务性消费转变。精神文化生活的范围不断扩大，内容日益丰富多彩，形式更加多样化。机关单位、企业、社会团体等不定期组织大型文艺表演活动，以营造一种健康向上的氛围。大众化的文化娱乐活动形式有：观看电视电影戏剧、唱歌跳舞、参加集体文艺表演、参与书画文艺棋牌体育活动、读书看报、通过电脑手机上网、游乐、棋牌竞技、旅游、健身等。人们对精神文化的需求呈快速增长趋势。

在精神文化生活和休闲方式中，出现学习型、艺术型、体育型、鉴赏型、观赏型、消遣型、寄托性等多种类型。人们在文化生活和服务性方面的消费迅速增加。1990—2016 年，居民文化生活服务性消费占生活消费总额的比例由 10% 以下提高到 40% 左右。

进入 20 世纪 90 年代以后，吃讲营养，穿讲美观，住讲舒适，行讲便捷成为时尚。生活观念全面更新，消费热点不断翻新。先后出现家电热、时装热、建房热、通信工具热、购车热、装修热、保健热、文化娱乐热、旅游热等。与此同时，人们生活内容更加充实，生活空间全面拓展，基本形成一种积极、健康、向上的现代生活方式。

村民生活

收入来源 浦口镇是工业重镇，工业生产占主导地位，年总产值占全镇总产值的60%，在居民收入结构中也占据主要部分，其次是建筑建材业占15%，农业生产占12%，服务型产业占10%，外出务工收入占4%。

1989年，全镇实现工农业总产值12950万元，人均收入3567元。

2011年，全镇有各类工业企业200余家，全年实现工业总产值32亿元，有从业人员8986人，全年发放职工工资2066万元，人均约23000元。2013年，全镇工业企业244家，就业人员9636人，发放职工工资总计为2.3126亿元，人均工资约24000元。

2014年，浦建工程责任有限公司有员工650人，全年发放员工工资2275万元，人均工资收入约36000元。华鑫电瓷科技股份有限公司，有当地员工2928人，2011年公司实现销售3.05亿元，出口创汇1800万美元，发放员工工资2700万元。烟花鞭炮方面，全镇有200余家配套企业生产，就业人员达3000余人。全年增加收入在6000万元以上。

至2014年，浦口镇农业形成早熟黄瓜、优质水稻、蔬菜育苗、葡萄四大种植基地和生猪养殖基地，从业人员22000余人。全年创收达9000万元。

荣康辣椒育苗专业合作社，调整产业结构走“绿色”之路。2012年种植10亩辣椒育苗，当年获利5万元。2013年扩大种植800亩蔬菜基地，获利近500万元。到2015年育苗规模增加并辐射到周边保丰、三铺、李洲、天符4个村，总面积达1500亩，有从业人员1800余人，实现销售收入6000万元。

浦缘农业机械合作社，从2010年成立以来，每年种植1600余亩水稻，年产稻谷800余吨，全年总产值280万元，从业人员48人，发放员工工资120万元。

浦缘蔬菜（2018 年） 浦缘合作社 供

部分农户栽种黄瓜、茄子、豆角、莲藕、丝瓜等作物，每亩地收入都在万元以上。还有农户饲养牛、羊、鸡、鸭、鹅、渔业，每年也可得 5000 元左右收入。浦口境内家无闲人，人人有事做，个个抓收入。

从事商业服务经营方面，2010 年全镇有商业门店 2600 余家，其中大型超市 7 家。2016 年，商业门店增加为 3400 余家，餐饮 48 家，大型超市 10 家，从业人员 8000 余人，人员工资总额 1920 万元。

收入结构 按收入分类数据，2015 年全镇居民工资性收入 11420 万元、经营性收入 3732 万元、财产收入 1588 万元、转移性收入 3427 万元，较上年分别增长 9.7% ~ 12.6%，财产净收入及转移净收入增速快于工资性收入和经营净收入，居民收入结构渐趋优化。

据调查，全镇低收入组人均可支配收入 4748 元，中等偏下收入组人均可支配收入 10887 元，中等收入组人均可支配收入 17630 元，中等偏上组人均可支配收入 26930 元，高收入组人均可支配收入 50900 元。2015 年，全镇全年人均收入 20019 元，扣除价格因素比上年实际增长 9.7%。

2010—2016 年浦口镇工农业总产值统计表

表 16

年份	工农业总产值（亿元）	农业总产值（亿元）	比重（%）	工业总产值（亿元）	比重（%）
2010	31.90	1.9	5.96	30.00	94.04
2011	34.30	2.3	6.71	32.00	93.29
2012	50.73	2.93	5.78	47.80	94.22
2013	64.22	3.22	5.02	61.00	94.98
2014	74.29	3.57	4.81	70.72	95.19
2015	75.52	3.6	4.78	71.92	95.22
2016	75.75	3.35	4.44	72.40	95.58

2013—2017 年浦口镇居民收入水平调查表

表 17

年份	调查人口（人）	总收入（万元）	务工工资收入（万元）	农业收入（万元）	商业收入（万元）	其他收入（万元）	人均收入（元）
2013	240	403.08	262.2	79.18	41.6	20.1	16795
2014	240	427.63	258.5	91.1	55.4	22.63	17817.92
2015	240	419.6	274.5	57.9	62.4	24.8	17483.33
2016	240	465.41	308.00	55.7	74.41	27.3	19392.08
2017	250	523.65	348.00	59.9	83.3	32.45	21818.75

2013—2017 年浦口镇居民消费水平调查表

表 18　　单位：万元

年份	饮食	衣着	住房	家用设备	医药	交通	通信	文化娱乐	旅游	生产费用	人际交往费用	其他费用	合计	人均消费（元）
2013	37.5	19.3	1	10.6	4.7	33.7	3.34	1.1	3.27	3.6	49	1.57	168.68	7028.33
2014	41.2	22.8	3	16.82	4.4	36.85	3.58	1.31	2.1	3.91	52	1.74	189.71	7904.58
2015	44.6	28.1	12.9	18.2	5.5	38.78	4.2	1.41	8.85	4.22	58	1.94	226.7	9445.83
2016	45.7	31.8	0.5	21.87	7.12	41.41	4.54	2.24	12.9	4.57	61	2.13	235.78	9824.16
2017	51.1	35.97	18.4	24.3	7.8	43.02	4.3	2.42	14.25	5.73	67.6	2.91	277.8	11575

说明：此表历年的调查人口为 240 人

部分年份浦口镇人均纯收入情况表

表 19

年份	1959	1963	1964	1978	1979	1982	1990	2008	2012	2013	2016
人均纯收入（元）	35	26	47	156	193	252	885	5500	12955	15327	20387

住房　20 世纪 50 年代以前，农村经济极度困难，村民住房条件都很差，山区偏僻地方或山沟尾部，盖的还是杉皮、茅草。离镇上较近的住宅也是土墙，盖瓦的农户不多。这种落后的住房条件一直延续到 20 世纪 70 年代末。1982 年，农民年人均纯收入 252 元，老百姓依然只能解决温饱，谈不上建房。

20 世纪 80—90 年代，农民的经济收入逐步提高，1990 年人均纯收入达到 885 元，生活水平改善，住房建设有了很大改进，土房、茅屋基本淘汰。主要为砖木结构，并开始采用砖混结构。

20 世纪 90 年代之后，经济全面发展，浦口人民纷纷开始建新房，一度达到一年几百户搬进新居的状况。这时的村民选择宅基地，已颇多讲究，以临路临街为上。一般先经实地察看，多方面论证，确定好方位，然后才清基下料。在人口密度较小的山地、丘陵或岗地，多采用单居独栋方式依山建筑，人口密度大或用地偏紧（一般指水田）的平

20 世纪 60 年代的房屋 张文祥 摄

20 世纪 80 年代的房屋 张文祥 摄

原丘岗地块，多采用隔墙连栋成片方式建造，也有少部分农户独门独院建造。大部分农户建房是二层、三层，少量建有四层。建造设计风格多样，外墙皆贴各色小瓷砖，格调不一。一般主厅面积为 20 ~ 30 平方米，正堂上立神龛，写上“天地国亲师位”，两侧是卧室，里侧是踏步间，厨房、浴室、厕所放在后面，主屋采光性好。门口大坪依不同地形大小定样，皆以水泥硬化，两旁多种植花草花卉。

2000 年后，随着各行各业的发展，人们经济收入增加，外出务工经商人员也带回不少资金。房屋建造式样升级。房屋的正面与正厅两侧用瓷板贴面，内墙用仿瓷或石

现代高档民居（2018 年） 明日广告 供

灰粉刷，地面瓷砖铺设，楼板采用水泥预制板取代木板，房顶结构是玻璃瓦。一般房屋分低、中、高档构造，建筑方式不一。低档的普通楼房造价 20 万～ 30 万元，中档水平楼房造价 50 万～ 60 万元。高档水平楼房，先请设计师绘好图纸，依图构造，式样新颖。卧室摆设非常讲究，全新组合家具，家用电器齐全，新式炉灶组装，天然气、自来水入户。

通信　民国时期，浦口境内只设有邮箱，办理信件收发由县邮政派人隔日步行送取，来信常托便人顺带，无便人则搁置在所，交通不便，积压严重，信息迟缓。1945 年有了第一步乡村电话，只限于乡政府使用。电话电报，要远至县城邮局，来回步行 30 千米。

20 世纪 50—70 年代，浦口境内邮件由县邮局派邮递员骑自行车分送各邮政所。1951 年在浦口老街设立隶属白兔潭邮支局的邮电所，可汇兑小款项，通长途电话（由白兔潭总机台转）电报。1959 年起开始划定责任区域，浦口邮政不转支局，由县局直接提取。境内新街及村商店，普遍增设信箱，村民可在当地随时就近投寄一般信件。邮递员则将信报投送到各村各单位，急电及挂号信件直接投递到户到人。改革开放后，开始使用班车每日发送。这种通信方式一直承袭到 80 年代。90 年代后，科技事业进步，通信条件发生了很大变化，农户开始使用电话、寻呼机、小灵通。2000 年，全镇有小灵通 10000 余户，宽带用户 7000 余户。2005 年投资 1200 余万元，新建光纤交换点 2 个，立光纤电线杆 800 余根，架设光纤线 30 千米，宽带接入网点 3 个，宽带出口带宽达 1.15GB，农村开通网带率达 80% 以上。境内通信能力明显提高，网络支撑能力显著增强。

随着农村生活水平的上升，通信条件得到全面改善，农村家家户户使用手机。2016 年，全镇有居民 13423 户，有手机 56000 部，覆盖率达 100%。

家用电器　20 世纪 50 年代初期，照明工具是用本地楠竹制作的圆筒，盛上煤油或桐油，插入灯芯草，点火即亮，照射 2 米远近。

实施改革开放后，地方政府投资 100 万元，于 1981 年开始，从仙石、东方、三铺、天符、保丰、贯古、冷水等 7 个村开始架设高压供电线路，以后逐年增加架设，到 1983 年全面完成架设任务，高压供电逐步进入全镇千家万户。全镇供电照明覆盖率达 100%。

20 世纪 80 年代开始，缝纫机、黑白电视机、自行车开始进入农家生活。1988 年，全镇有黑白电视机 17 台，收音机 79 台，电风扇 21 台。在当时的乡镇一级居前列。

随着改革向纵深发展，人民收入水平迅速提高，农村家电消费迅速增加。大部分人群对于家电产品的选购已经从最基本的生活需要转变为提高生活品质，体现个人品位的需要。彩电、冰箱、洗衣机、电风扇、空调等逐步进入居民家庭。

2014 年境内有 9085 户，家电产品达 7.72 万台，户均达 8.5 台。2016 年，全镇 12603 户，有家电 16.38 万台，户均 13 台。家电实现全覆盖。

2012—2017 年 20 户居民家电情况调查表

表 20　　　　单位：台

年份	电冰箱	空调	电脑	电视机	电风扇	洗衣机	电压力锅	合计	户均
2012	20	6	6	30	45	20	20	147	7.35
2013	20	10	6	30	45	20	20	151	7.55
2014	20	20	6	40	46	22	20	174	8.7
2015	20	30	22	50	48	24	20	214	10.7
2016	22	50	24	54	50	24	20	244	12.2
2017	22	56	26	60	50	26	20	260	13

出行　1949 年以前，由于农村生产力落后，境内老百姓出行，走的是羊肠小道，泥泞烂路，每逢刮风下雨，路滑难行。出门远行，常打赤脚步行，条件好一点的农户，穿双牛皮制作的钉鞋，又硬又重，行走十分吃力。

中华人民共和国成立初期，浦口农民运输物资，全靠人力肩挑背扛，特别是山区农户，碾米要挑几千米山路，十分辛苦。

1958 年，农民开始自发修建简易小道。当年兴建了醴陵至浏阳永和镇的小铁路，行车经过境域 8 个村，设冷水坑车站，居民出行条件得到改善。

由于澄潭江在境内通过，王坊境与浦口境的老百姓隔河相望。60—70 年代，两岸往来，全靠浦口老街两条渡船，物资运输和行人要靠摆渡过河，特别是推煤土车上下搬运，要靠多人协作，十分费力麻烦。1979 年，浦口大桥建成通车，彻底改变了渡河困境。

至 2016 年，全镇村级公路到组到户，覆盖率达 98% 以上，居民出行条件得到根本改善。

20 世纪 60 年代以前，人们出行以步行为主。70—80 年代逐步有自行车代步，90 年代以后，基本都是以摩托车、小汽车为主了。2016 年，全镇拥有摩托车量为 19980 辆，户均 1.49 部；小汽车 2480 辆，全镇 18.5% 居民户拥有小汽车。周边路网发达，拥有 106 国道、莲株高速、沪昆高速、沪昆铁路，沪昆高铁等，交通十分便利，人们可以任意选择出行方式。

饮食 浦口饮食文化源远流长，素有色、香、味、形俱佳的传统制作工艺，在醴陵东部久负盛名。

20世纪80年代以后，人们生活水平明显提高，对于饮食开始有了追求和讲究。特别是逢年过节，鸡、鸭、鱼、肉等食物成了餐桌上的主角，菜肴式样增多，但不太讲究“色”和“形”，只注重“味”和“香”。婚丧嫁娶传统酒席以十碗为数，分别是头碗（全家福）、牲肉（鸡肉）、鱿鱼、羊肉（可用猪脑壳肉、猪脚肉）、果饭（甜食）、扣肉、雪花丸子、蛏干、肚片、蒸鱼（草鱼）。出菜次序不能错乱，碗数不能添减。2000年后，饮食水平得到提升，追求羊肉、团鱼、鲍鱼、牛肉、驴肉、清蒸鸡（整只）、猪首（整只）、鳄鱼肉、海鲜产品等，酒席也由原来的十碗变革为四大盘、六大碗或四盘八碗。一桌酒宴由原来消费200元，到2016年消费800元以上。

扣肉（2018年） 张家亮 摄

蒸鱼（2018年） 张家亮 摄

老百姓饮食观念改变，消费档次逐年提高。餐饮形式出现多样化，休闲餐饮、浪漫餐饮、娱乐餐饮、网络餐饮，开始进入百姓生活。在外就餐人数越来越多，餐饮支出也明显增加。2000年，集镇居民年人均在外用餐消费150元，比1995年增长61.2%，餐饮支出占食品支出的37.8%。节假日消费成为浦口镇市场的新亮点。2016年在外用餐消费人均为540元。但随着环保理念的加强，很多人开始讲究食品的营养、卫生，进入科学饮食阶段。

休闲娱乐

进入21世纪，全面启动村部和村级文化活动中心建设。每个村统一配有电教设备、图书阅览室、娱乐室、篮球场，适合老年人坐在一起看书读报、下棋，每年各村举行篮球友谊赛10场以上。

群众文化活动（2016 年）　　浦口镇政府　供

每村设有固定的广场舞场所，中老年妇女兴起广场舞热。2012 年组建红太阳浦育艺术舞蹈队，全队 30 人，平均年龄 36 岁，多采用本镇区域内发生在生活中的感人故事，自编自演，巡回演出，受到群众好评。2013 年在醴陵市举行的街舞比赛中荣获第一名。

杨梅山休闲山庄　据《罗氏族谱》记载，五百年前罗氏祖先从福建迁移至此，随身带来十颗杨梅树，就种在落脚的花椒村高棚组后山上天水塘脚下。罗氏第二代四兄弟有三个跟随迁移大军继续向四川进发，只剩下老大住在醴陵，在醴陵的罗氏老大生下三个儿子，繁衍生息至今。说来也怪，种下的十颗杨梅树刚巧就只有三棵成活。一直生长至

王坊兄弟山杨梅园东魁杨梅（2018 年）　　张文祥　摄

今，枝繁叶茂，这三颗杨梅树被罗氏后人视为活着的祖先，年年组织祭祀。杨梅山由此得名。

这三棵杨梅树身围超过 3 米，冠幅均达近百平方米，平均每棵杨梅树产杨梅超过 1000 千克。杨梅成熟的时候，颜色深红黝黑，酸甜可口。每到端午时节，到此处摘杨梅的人络绎不绝。

杨梅山休闲山庄依托杨梅山，融休闲农业、观光旅游为一体，已开发经营项目有餐饮、住宿、娱乐、烧烤、垂钓、登山、户外拓展等一系列活动项目。

三铺农家乐 位于三铺村，依山傍水，澄潭江从村东南端流过，雪峰山水库水从雪峰河流经三铺，汇入澄潭江。孟塘水面积 30 余亩，四周种有 40 多亩桂花、红叶石楠、红豆杉、罗汉松等，村级主干道两旁及雪峰河两岸绿树成荫。这里还有浦缘种植农民专业合作社种植的 1000 多亩黄瓜、丝瓜、西瓜、辣椒等 10 多个品种的蔬菜瓜果，一年四季可供观赏采摘。三铺村已打造成集旅游、观光、垂钓、采摘、休闲娱乐、农家乐为一体的旅游休闲基地。

中和水上乐园 位于浦口镇 106 国道旁，游乐面积 1.8 万平方米，是现代水上游乐场。有符合国家标准的游泳池，拥有先进的臭氧水循环处理系统以及大型造浪池。园区内各池子的水都能在 4 小时内循环一次，使园内用水更纯净安全。造浪池池水由浅入深，通过鼓风机械造出人工模拟海浪，海浪最高可达 1.2 米。

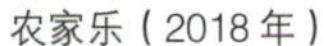
农家乐（2018 年） 张文祥 摄

游乐场（2018 年） 张家亮 摄

醴陵市夏季乡村旅游节 2018 年 7 月 18 日，醴陵市夏季乡村旅游节在浦口镇开幕。浦口镇作为主办地之一，筹备了一系列形式多样、内容丰富的活动，包括“中和首届傣族泼水节”、中和首届电音节、浦缘蔬菜瓜果节、杨梅山第二届帐篷节。

2018 年醴陵市夏季乡村旅游节 张家亮 摄

观光农业（2018 年） 张家亮 摄

外出旅游 随着收入增加，人们生活富裕，出外旅游已成常事，主要有自驾游和跟团游。据统计：2000 年全镇外出旅游人数 3800 人次，2003 年全镇外出旅游人数 4900 人次，2013 年外出旅游人数 10000 余人次，2015 年外出旅游人数 14000 人次，2016 年全年旅游出现高潮，出游人数为 24800 余人次。

2012—2016 年浦口镇外出旅游人数调查表

表 21 单位：人

年份	总人口数	外出旅游总数	比例（%）	国内旅游人数	省内旅游人数	国外旅游人数
2012	42219	9700	22.98	7900	1300	500
2013	42772	10700	25.02	8500	1390	810
2014	43437	13600	31.31	9600	2300	1700
2015	44100	17200	39.00	12000	3100	2100
2016	58712	24800	42.24	17600	4400	2800

名胜古迹

秀美山川，峰峦起伏，沃野连片，阡陌纵横，形成浦口独特的局部盆地小环境。这里拥有众多的自然美景和人文景观。雪峰山、燕子崖溶洞、仙子岩、千年古樟，还有各种古塔、古桥、祠堂、庙宇等古迹，构成一幅优美和谐而有深度的画面。

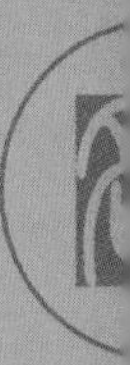

自然景观

仙子岩与梦碧泉 仙子岩与梦碧泉两处景观，位于浦口村合水组。山上有巨石耸立，形状奇异，石壁之上镌有“仙子岩”三字。山下有一汪清泉，清澈碧透，甘醇可口，石壁上刻有“梦碧泉”三字。两处字迹均为明隆庆时拔贡肖来凤所书。肖来凤本是湖南永兴知县，卸任以后来此居住，建有苦竹庵。1938 年，苦竹庵遗址尚存，学者周树芬与其友汤雨岩曾在这里办国文补习班。后兴修水利，苦竹庵遗址被毁，发现有银器银锭。“梦碧泉”三字则淹没于水库中。

梦碧泉（2018 年） 张家亮 摄

仙石古桥（2018 年）　　张文祥　摄

仙棋石　位于浦口镇仙石村，相传晋代仙人王质曾经在此修炼，在此石块上与仙人下棋，故名仙棋石。山间有一块大石背靠小山，立于路旁，高约两米，宽半米多，形成一个石台。周边松、竹、桐、梓等树木丛生。

民国时期，山峦林木毁于兵祸。人们在这里建瓦亭护石。20 世纪 50 年代，修筑简易公路，现亭摧石毁，仅存遗址。距遗址不远有仙石桥，石造单拱，横跨溪水。东岸有清道光年间（1821—1850）所建小塔，并有古寺庙及古樟。

燕子崖溶洞　燕子崖溶洞位于浦口镇合水口村，距市区 25 千米，坐落于雪峰山南腰，紧邻雪峰山水库，形成山水洞相连的独特景观。1986 年 11 月，湘潭大学到浦口实习的学生登山游玩，偶然发现溶洞。燕子岩为一多层发育期溶洞，是石灰岩地质，地下水历经几百万年溶蚀而成岩崖空洞。《渌水神韵·醴陵风物志》载：洞口宽 25 米，高 7 米，正中一根粗石柱支撑，把洞口一分为二。入洞口，即见“青龙出洞”奇观，洞顶青崖壁上非常清晰地显现出一条约 9 米长，节节相连，似“龙”背脊的圆坑，由里延伸而

燕子崖溶洞（2018 年） 张家亮 摄

出。两边还有鳞状爪形。当地传说，洞中藏九龙，此青龙率先飞出，以观人间美景。

洞内迂回曲折，洞中有洞，洞洞相连，层上有层，层层相叠。宽阔处如广厦大厅，狭窄处则似地道，需匍匐侧行。洞内常年流水潺潺，钟乳石、石笋千姿百态。洞内石燕、蝙蝠飞舞，不计其数，故名燕子崖。已经发现和命名的洞中景观有聚仙厅、仙人伞、观音骑狮、龙口含珠、空中楼阁、老龟昂首、仙女散花等，共计 20 多处。洞壁多有洞眼，大若碗口或桶口，敲击时哐哐作响。洞底深处有激流和喷泉，水流不息。洞外有环山公路经水库旁直达洞口。

雪峰山水库 位于雪峰山麓峡谷处，始建于 1958 年。库内平坝开阔，集水面积达 16.7 平方千米。四周为石英砾岩带，山坡陡峻，植被茂盛，孕育了多种珍稀植物，乃天然盆地。这里是避暑休闲胜地，紧邻燕子崖溶洞。水库枯水期，当年所淹之民居遗址均从水底露出，可见残垣断壁。周边有石氏宗祠、金爷庙、龙王庙、四仙庙、土地庙等人文古迹。

千年古树 浦口镇仙石村古樟已有千年历史，枝繁叶茂，遮天蔽日，横跨街两边。至今生长情况良好，未有虫蛀蚁空迹象。树围 10.8 米，高 34.7 米，覆盖面积达 780 平方米，四面延伸，是醴陵市树龄最大的一棵古樟。

河泉村澄潭江边处一棵古樟，树龄 600 ~ 700 年，枝干遒劲，远望如一把大伞，枝叶碧绿茂盛，树身与一根直径近 10 厘米的巨藤互相缠绕，相得益彰，趣味盎然。树高 20 多米，冠盖近 300 平方米。枝干碍人处多有折断，开叉处树皮光滑，附近常有人上树攀爬游乐。

保丰村姚家新屋组亦有一棵近千年的古樟，高近 30 米，冠盖近 400 平方米，由于道路建设，树身被埋 2 米多。

生长在合水村溪边的枫杨，树龄已经 1000 年以上。树围近 8 米，高及 30 米，依然葱绿如盖，荫及 200 平方米。与另一棵树围近 4 米，差不多高的枫树相依共生，乃成当地一景。市林业局已挂牌保护。

仙石村樟树湾组也有百年古樟两棵，其中一棵树围 6.5 米，高 16 米，覆盖面积 380 平方米，另一棵身围 3.9 米，高 17 米左右，覆盖面积约 300 平方米。

河泉村古樟（2018 年） 张家亮 摄

古樟（2018 年） 张文祥 摄

人文景观

古塔

仙石砖塔　位于仙石村，始建于清道光三十年（1850），系青砖砌成，塔有5级，6面，内空，高17米，边长1.6米，塔尖设葫芦尖宝顶，各层塔檐均盖小青瓦，斑驳处均有植株伸根出叶，是醴陵市内保存不多，塔身保存较为完整的砖塔。

河溪塔　位于河泉村，始建于清同治五年（1866），原作惜字炉。塔高18米，花岗岩石砌成，里层垒砖与三合土，中空，每层有小门孔，规模很大，可惜后毁于战火。2004年仿原样重建。占地半亩，高18米左右，塔身5层6面6角，大理石面，仿宝葫芦尖顶，正面设神龛。两边对联：南洲世第，东海家声。四围大理石栏杆，有拜台。

古桥

仙石青石板桥　位于仙石村，始建于清宣统二年（1910），系单跨石

仙石砖塔（2018年）　张文祥　摄

拱桥，西南至东北走向。桥长19米，宽3.8米，高4.8米。两端引桥各长4.5米，桥面用青石板铺就，桥护栏系三合土筑成。此桥虽小，却坚固非常，至今仍是南来北往的交通要道。2008年被醴陵市公布为市级文物保护单位。清乾隆朝内阁中书汤天焕退隐后曾有散步诗赞之："独立长虹望彩霞，平畴何处不生涯。竹林茅屋前村路，时有人来问酒家。"

泮川新石桥 位于泮川村，始建于清道光二年（1822）。桥为单拱全跨，砖石砌，桥面青石板铺就，无护栏。桥长11.65米，宽4.33米，桥下常年水流不息，为亭子岭喇叭冲水。为保护古桥，已限制通行。

浦口镇历史上知名老桥情况表

表22

桥名	坐落地点	所跨水名	长（米）	宽（米）	修建时间	附注
木梓桥	泮川冲	亭子岭喇叭冲水	3.33	1.66	明崇祯年间（1628—1644）建，清同治年间（1861—1875）重修	—
余家港桥	泮川冲	亭子岭喇叭冲水	6.67	4.00	清康熙六十一年（1722）	—
神仙桥	三铺	合水口水	9.00	3.33	清乾隆年间（1736—1795）	刘姓建，已毁
新石桥	泮川冲	亭子岭喇叭冲水	11.65	4.33	清道光二年（1822）	—
云露桥	大燕园	冷水坑水	11.09	3.33	清道光年间（1821—1850）	—
福寿桥	丰田港	合水口水	9.00	3.33	清光绪年间（1875—1908）	—
花椒冲桥	花椒	花椒冲水	9.00	3.33	清光绪年间（1875—1908）	—
山口坝桥	山口坝	合水口水	16.65	5.33	1914	改建
仙石桥	仙石街	合水口水	21.31	5.66	1914	尚存
大王庙桥	合水口	彭家冲水	5.00	3.33	1932	汤友付、周兴怡倡修
彭家冲桥	合水口	彭家冲水	5.00	3.33	1932	彭姓建
余家坡桥	合水口	彭家冲水	5.00	3.33	1932	彭姓建
济众桥	泮川冲	亭子岭喇叭冲水	5.33	2.00	1935	改建
望仙桥	茅坪下	合水口水	13.32	2.00	1935	吴姓建
肖家桥	茅坪下	合水口水	3.33	1.55	1937	肖姓建
冷水坑桥	冷水坑	冷水坑水	3.33	1.55	1938	改建

古渡口

河溪头渡口 位于河泉村与荷花村澄潭江段，又称八义码头。由当地八姓人氏捐资，始建于清雍正十三年（1735）。一直到20世纪70年代浦口大桥建成之前都是重要的运输码头。现由浮桥替代渡船，往来人流不息，可承载大型渣土车，浮桥依水势而建三级台阶，水涨船高，可保畅通无阻。清光绪三十四年（1908），陈盛芳捐资，于两岸

河溪头渡口（2018 年） 张文祥 摄

修建雨亭，供商旅行人休憩。至 20 世纪 70 年代末雨亭弃用，但并未损毁。雨亭掩映于树木丛中，古意盎然，成为当地一景。

浦口码头 位于天符社区大桥居委会，始建于明永乐二年（1404），原是浦口早期立市的重要港口，也是浦口 4 个码头最繁忙的一个，周边四乡皆经此处往返。码头沿河一带，商铺林立，商业繁盛，而且各行各业皆齐全，绵延 1 千米，形成面积达 1 平方千米的商贸娱乐中心和物资集散地，并向外辐射，成为醴陵东部一带最重要的集镇。1976 年，浦口大桥修通，渡口便失去功用，码头逐渐毁弃。如今，老街多为民居，但古镇模样尚存。码头处一块记载码头历史的石碑嵌在一老房子墙体内，字迹仍可辨析。旁边包公杉仙殿、观音庙等古建筑还保持了原样。

烈士陵墓

合水村樟树坡无名烈士墓群 坐落于樟树坡组牛脑壳埂上，有无名烈士墓 24 座。1935 年农历八月二十一日下午 6 时，一支红军队伍在浏阳普迹筹粮款后，向白兔潭进发，途经合水村樟树坡与王仙镇李山村交界处遭遇国民党贺石生部队围剿，死亡 24 人，均葬于此。

雪峰山烈士陵园　系 1949 年农历六月中国人民解放军进驻醴陵时，有两支部队由洪源向浦口镇茅坪市奔袭，因联络信号有误自伤，共有烈士 8 名，首先葬于雪峰山水库淹没区内。后两次迁葬，第一次于 1958 年冬搬至现烈士陵园左上侧 17 米处。第二次于 1979 年 12 月搬迁至现址，内有 7 具遗骨合葬为一处。立有“革命烈士永垂不朽”石碑一座，高 2.5 米，宽 0.9 米。园内有石桌石凳 2 套，有松柏上百株，并有祭台、踏步等设施，属镇级文物保护单位。

古迹旧址

冷水坑火车站旧址　1958 年醴浏铁路（窄轨）建成。原名醴南铁路，设冷水坑车站（三等站），是全镇货物集散之一。20 世纪 90 年代以后，铁路停运拆除，车站废弃，建成集贸市场。售票厅仅存招牌遗址。

杨家牌坊　坐落在花椒村杨家组，占地 50 平方米，建筑面积 30 平方米，高 5 米左右，宽 3 米，为门楼状，通体麻石。最初建于清道光年间（1821—1850），当时门额题为“大夫第”，乃皇帝亲封。此牌坊为纪念本地一位官至大夫的杨氏族人而建。历经百余年不毁。后重新修复，白墙灰瓦红檐，面貌一新。

杨家牌坊（2018 年）　　张文祥　摄

祠堂

经历朝历代迁徙移民，浦口本土文化与移民文化互相渗透融合。尊祖寻源之风甚浓。有家必有谱，族谱续修不断，祠堂翻新、重建不吝资财，构成浦口浓厚的宗族文化，在周边有一定影响。

汤氏宗祠 位于仙石村三口坝组，总占地 1600 平方米，建筑面积 450 平方米。始建于 1924 年，为珍公祠。2015—2017 年重建，为汤氏宗祠。宋建炎三年（1129），始迁祖汤思哲自萍乡迁入，分支主要分布在醴陵东部仙石、庄埠、柘塘坪、石湾等地。到 1948 年有族人 7000 余人。

祠堂为仿古建筑，砖瓦结构，灰墙白柱，庄重典雅。正门楹联为“贵水星辰远，仙石日月长”。横梁绘有龙凤起舞和体现氏族文化的彩图。厅内设历代祖宗牌位。汤氏族人在附近聚族而居，历史上出现过多位知名人物，汤氏祠堂成为当地族人祭祖、聚会的重要场所，具有一定影响力。

叶氏宗祠 位于仙石村，始建于清道光二年（1822），1917 年和 1994 年进行过修缮。正门对联皆有缺失，檐柱以当地红石为材，两边分立，多有风化处。两边马头墙檐角高耸，三级梯状，端面饰有左龙右凤浮雕图案，整肃庄严。该建筑系砖木结构，三开间，两进式，三级封火墙，青砖地面。正厅仰首处横额题“俭德堂”三字，墨迹斑驳，依稀

汤氏宗祠（2018 年） 张文祥 摄

叶氏宗祠（2018 年）　　张文祥　摄

可辨，单字两尺见方（约 66 厘米）。东、西侧有天井，墙面饰吉祥安康浮雕图案。祠堂占地面积 318 平方米，是醴陵境内保存较为完整的清代祠堂建筑。2008 年被评为醴陵市文物保护单位。

刘氏家庙　位于茅坪村，乃刘邦后裔所建。年深月久，原本老旧不堪。2016 年刘氏家庙在原址重建，规模较先大倍余，宽 24 米，长 36 米。墙面皆贴以灰白大理石面砖，正面石狮镇守，三门两柱，各镌对联。厅内四根大石柱分立，屋顶罩亭饰以各种形状图案，花色多样。

刘氏家庙（2018 年）　　张文祥　摄

周俊公祠（2018 年） 张文祥 摄

周俊公祠 坐落于仙石村炭山组。始建于清光绪年间（1875—1908），属北宋理学家周敦颐一脉，号为“濂溪第”，历代多有修缮。

2016 年，周氏家族于原址重修，2017 年完工。占地近 3 亩，靠山而立，建筑面积约 800 平方米。分三级梯进，一级：荷花池邻路而设；二级：双狮镇守东西，雕栏玉砌，前坪广阔，300 多平方米，仿古砖一铺到尾；三级：大殿通体仿古，飞檐翘角，庄重巍峨。门额：濂溪第。柱联、门联分饰两边。殿内四柱于中，分而撑之以成通道，东西各鼓眼天井，整体古色古香。殿后一口古井已无年代可考，清澈甘甜，题为“凤沼”。

姚氏宗祠 始建于清道光年间（1821—1850），未重修。位于保丰村，坐北朝南，占地面积 300 平方米左右，建筑面积约 200 平方米，是当地保存最完整的原始风格祠堂。青砖古瓦，檐角飞翘，肃穆庄重。两边石柱分撑檐柱，大门为樟木所制，门框及门槛皆为石质。厅内正中天井犹存，古砖上青苔郁郁。两边渡水梁皆为直径近 40 厘米的枫树，木质如新，历几百年未见朽状。姚氏家族每年在这里举行族会，酒宴陈列近百桌。

余岳公祠 位于洋川村，始建于清康熙五十七年（1718），改扩建于清道光二十五年（1845）。

余岳公即余岳洲。祠堂坐北朝南，系土木砖石结构，共有三进，占地面积 668 平方米，历 300 年依然保持完好，石门石柱皆为麻石，未见斑驳风化，柱墩四面饰花鸟鱼兽各种吉祥图案，皆为浮雕，栩栩如生。祠堂自雍正八年（1730）开始办学，一直到 1978

姚氏宗祠（2018 年） 张文祥 摄

年才结束。主殿后有食堂、厕所、卧室等。推动湖南和平解放的重要人物余志宏童年、青年时代曾在此从事过革命活动。祠堂在 2012 年进行全面维修，现为醴陵市级文物保护单位。

刘鸿公祠 位于王坊社区，始建于清，2016 年在原址重建。占地近 2000 平方米，建筑主体面积达 700 多平方米，宽 24 米，长 31 米。前坪阔大，以水泥硬化，达 1200

刘鸿公祠（2018 年） 张文祥 摄

多平方米，两边植以桂花、香樟等。墙面以仿古砖砌筑，门脸分立四柱。厅内宽敞，四根石柱挺立四方。屋宇雕梁画栋，色彩缤纷，中间罩亭饰以花鸟虫鱼、神仙故事，配书法文字。

袁氏宗祠　位于荷花垅村张氏组，1958 年原祠被毁。1995 年四修谱牒，宗亲共议，于 2009 年开工重建，历时四载。前后两栋，巍峨耸立，占地面积 380 平方米，雕梁画栋，金碧辉煌。前有余坪，后有福祉。雄狮威武护祠，貔貅傲首现富。祖宗牌位次第有序。

整个建筑通体呈“回”字形，中间有大天井，青苔隐隐，四围回廊通畅潆洄，两边墙壁分列各位先祖贤达。

道观庙宇

蛇湾包公庙　位于保丰村，又名“东京殿”，是当地村民祭祀集会之所。占地近 800 平方米，经历朝历代维修，仍保持古貌。庙供三位：包公、观音、李畋，包公居中。与庙相对处，隔坪相望有大戏台。二十世纪七八十年代，大戏台是村民主要娱乐场所，一到大戏日，四乡村民涌入，盛况空前。如今虽不复当年，仍是村民休憩闲话之所。

蛇湾包公庙（2018 年）　　张文祥　摄

妙觉寺　位于泮川村东部，毗邻吴楚古刹太屏仙山寺，始建于明宣德五年（1430），原名龙王殿庵堂，由原国民党高级将领余乐醒的祖辈筹集善款，地方信众捐助共为修建，为当地信众礼佛进香场所。由于历史原因，一段时间缺乏专人管理，于1968年倒塌。1999年，由释禅悟法师发起，会同四方会众、护法居士等于原址重建殿宇，经过逐步扩建后，拥有大雄宝殿、天王殿、念佛堂、斋堂、客堂等。总占地面积25600平方米，建筑面积1900平方米，并修有两条通往寺院的菩提路。

玉佛寺　位于浦口村，与梦碧泉相邻，始建于清咸丰年间（1851—1861）。1995年在释一真法师主持下，经多年修葺，已成规模，占地近5亩，建筑主体500多平方米。

玉佛寺（2018年）　　张文祥　摄

玉佛寺有高大山门，为水泥浇筑。后分梯次是观音殿、地藏王殿和大雄宝殿。左边岭腰拾级而上，有通体洁白的莲池塔，其外形似葫芦，高近16米，内有观音像一座。整体格局宏大，层次分明，庙后即是当地人文胜地“梦碧泉”“仙棋石”“苦竹庵”旧址所在地。

仙石观音寺　坐落于仙石村黄宝冲出口盆形岭上。清顺治元年（1644），当地汤、周、冯、赖、卜五大姓氏捐资建立。有碑文记载，寺内面积为440平方米，曾有3个尼姑驻守，历370年未毁。观音寺为清代建筑风格，古朴端庄，歇山建筑屋面挺拔峻峭，四角轻盈翘起，玲珑精巧。正厅供奉观音雕像。当地百姓时常前来烧香拜佛，因而香火旺盛。

云灵寺　位于天符社区境内，唐宋时期此地名为“庙山坡”，古寺原名“云岩寺”，亦称“净行寺”，后改为云

天符云灵寺（2018 年）　　张文祥　摄

灵寺。此寺环境清幽，林木葱茏，鸟语花香，较具规模。

建筑面积约 2000 平方米，主体由天王殿、大雄宝殿、三圣殿组成，店内所供奉的佛、菩萨、罗汉等，皆用汉白玉精琢而成。其两侧配建客房、寮房、斋堂等。山门左侧特建舍利塔一座，以供众信士朝拜瞻仰。

云灵寺大雄宝殿（2018 年）　　张文祥　摄

白云寺航拍图（2018 年）　　明日广告　供

古白云寺　坐落于花椒村白云山。原名白云庵，其历史可追溯到唐朝初期，距今已 1400 年。古寺与北乡的彰仙岭遥相呼应。朝代更迭，几经兴废。

2003 年，住持释行法师从广东湛江北上醴陵，广结善缘，虔心重建白云寺，历时十余载，建成大雄宝殿、观音殿、文殊殿、普贤殿、天王殿、钟鼓楼、牌楼、僧房、放生池等。现寺庙占地面积达 500 余亩，建筑面积 1800 平方米。

四仙庙　以皇帝敕封王、圆、陈、周为四大真仙，故称四仙庙。是一所经湖南宗教事务局颁发认证书的宗教事务活动场所，地处贯古社区 106 国道旁，地域环境优美。建庙至今，各方信民络绎不绝，成为当地有名的景观。庙内供奉的四仙分别是王真人、圆真人、陈真人、周真人，皆因爱民善举被当地百姓传颂。最初，四仙庙设在浏阳。浦口百姓因感其恩也为之立庙，之后迁殿于合水丝冲。清光绪年间（1875—1908）又迁于贯古社区陶家坡至今。庙内为两进大厅，四尊仙人塑像端然肃立，表情和善，栩栩如生。仿古建筑风格彰显庄重肃穆气氛，红墙黄瓦，飞檐翘角，蕴涵一定的宗教文化底蕴。

包公杉仙殿　始建于清乾隆六十年（1795），地处浦口大桥居委会下街，坐北朝南，历史悠久。2012 年投资 30 万元改建，总面积 1200 平方米，建筑面积 650 平方米。有固定资产 82 万元，是省宗教事务局批准的宗教活动场所。包公杉仙殿坐落在群山怀抱中，

包公杉仙殿航拍图（2018 年）　明日广告　供

绿树簇拥，风光宜人。主殿雕梁画栋，红墙黄瓦，金碧辉煌，气势雄伟。正厅中央，黑脸包公雕像威风凛凛，正襟危坐；东西两旁是形态各异的十八罗汉及威武庄严的四大天王。两侧厢房供奉着多尊菩萨佛像，周边还有伙房、斋堂、庇屋等。因其颇有名气，这里时常游客不断。

风土风情

秀美的自然山水滋养着勤劳聪慧的浦口人民，也孕育了这里丰富多彩的地域文化，从而形成淳朴的民俗风情和浓郁的乡土气息。千百年来，随着人口迁移，土著风俗与外来风俗相互交融，形成独具特色的地方礼仪习俗，并伴随着时代前进的步伐，推动着浦口的文明建设与发展。

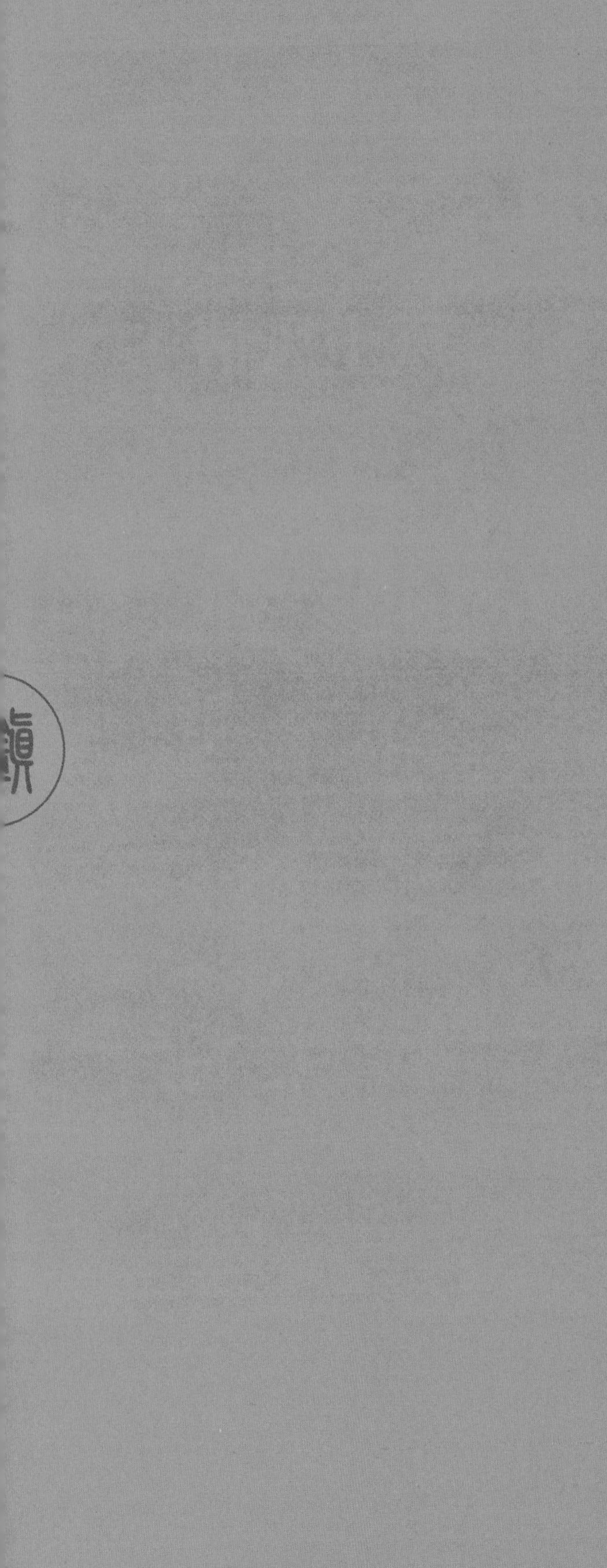

传统习俗

浦口悠久的历史文化和民俗风情经过传承演化，形成特有传统习俗和礼仪。

家庭婚丧寿庆要摆酒席，一般为十碗。如今，四盆八碗较为普遍。农村地势开阔，酒宴一般都选择在自家做。一般是早几天便由主家亲自上门，把自己的兄弟子侄等各方执事人员请来帮忙。2010 年后，很多家庭请当地酒宴制作班子，俗称“一条龙”的全程服务，主家凡事不必亲力亲为，只迎来送往即可。

历史上，浦口酒宴座席排位极有讲究，以堂屋正面墙为上。若是单桌（亦称中堂席）而立，左为主座，右为副座，其对面，右为主陪，左为副陪。若是双桌（亦称鸳鸯席）并列，依然是左边为大。

依房屋大小形状，排位席还有另 6 种方式：品字席、庭口席、同春席、三星席、丁字席、南北席。后来照此规矩的很少了，但中堂和鸳鸯席是必需的。陪客的人选必须是身份地位相当，年纪相仿者。

进入 21 世纪以后，朋友聚会大都习惯进餐馆、酒店。

婚嫁习俗 旧时婚姻，讲究门当户对，从父母之命，凭媒妁之言。双方家长同意后，互换生辰八字，请算命先生推算，八字相合者则订婚做酒，由男方选择婚期，备三牲酒礼通知女方，谓之“报日”。男方事先送聘礼给女方，女方于结婚前一日送嫁妆至男方。一般多在冬季结婚。改革开放以后，时代发展，观念更新，思想开化，年轻人的结合大都是自由恋爱或相亲一路，又由于外出打工人员多，娶外地女子或远嫁他乡的甚多，已突破门当户对的旧观念，长辈们思想已逐渐开明，少有阻拦者。

虽摒弃了很多陈规旧俗，但依然保留和发展了很多传统习俗。比如结婚日要左挑右选，选择良辰吉日。元旦、劳动节、国庆节是首选，又有“初三、十一，不要拣时择日”之说。一般请当地老先生确定吉日或翻翻老皇历。最忌讳的是合“五”的日子，俗语云：初五、十四、二十三，丈娘婆屋里有谷都不要去担。

男女双方结婚前有很多礼仪礼节。结婚前一天，男方偕同媒人送上离娘礼，在随后的各个环节中都有礼节讲究，诸如敬祖、迎亲、司库、司厨、司杂、司翰、催厨、程仪、步仪、冠仪、酬仪、宰牲、剪彩、代线、开容、泡茶、鸣炮、托盘、开盒、“六艺”（木艺、篾艺、缝艺、铜艺、漆艺、弹艺）、总敬（实际是由男方出资再由女方反转男方的，包含司礼、司仪、捧烛、捧花、摊铺、挽水、卫生、司炮）礼等等大大小小的红包。

其中最重要的就是敬祖礼和离娘礼了。敬祖礼即：豚肉一方（肉、一页猪肝、0.5千克板油、两根粉肠，寓有刚有柔长来往）、鲜鳞数尾（鱼）、德禽四翼（鸡）、喜酒双坛、喜果成封、喜糖多斤（金）、喜烟成条、祖钱成封（纸钱）、祖香成柱、祖烛双辉（花烛）。离娘礼（又称离娘盏）即：豚肉一方、两条鲜鱼、两瓶酒、一只母鸡、果子成封。这些礼品必得覆以红纸，才隆重恭敬又吉利。

女方到男方的红包大抵也是如此。若是用新兴的花轿接亲，红包还得有担牲、鸣锣、鸣号、扛旗、喊轿。2000 年以后接亲一般是轿车，车队不少于 6 ～ 7 辆。在接亲回来的路上，司机最少要停三次，俗称“踩一脚（停下）”，目的是笑讹新郎发烟，否则车队不前进，惯例最少要踩三脚，视路途远近，也有踩五六脚的。当然，一切都在欢乐嬉戏中进行，没有谁会发脾气，真正一脚都不踩的，倒见得是看不起新郎了。

结婚大喜，经济上很少计较，依自己的实力，尽量办得隆重热烈。请正规的婚庆公司主持是大势所趋。

婚庆公司的主持常常能把婚礼推到高潮，以前向爷爷奶奶、双方父母敬茶的仪式重新得到了恢复，在主持人精心设计的套路里，以诙谐而带韵脚的戏谑语言，逗弄新郎新娘甜甜地叫，这厢长辈们脆脆的答，然后拿出早已准备的大红包赠予新郎新娘。整个过程既热闹多情，又庄重而使人感动，常常是泪花与掌声齐飞。

婚后第二天，新郎新娘去女方娘家，称为“回门”。婚后第一个春节，新婚夫妇去岳家拜年，谓之做“新客”，互有馈赠。而新客在这天也逃不脱被女方亲友“戏弄”取乐。

喜庆习俗

三朝酒　一般人家小孩出生，即备酒礼、鞭炮到岳家报喜。岳家须备钱、蛋及小孩衣帽、鞋袜、摇床、坐栏等物于三朝日到女婿家做“外氏”。为庆贺小孩出生，有“三朝酒”“满月酒”“百日酒”“周岁酒”的习俗，酒席上尊外公、外婆或舅父、舅母坐首席。

新屋落成 浦口居民建造住房，一般以坐北朝南为多，坐西朝东者次之。动工之日和落成之日，也都要选择良辰吉日，并筹备宴席，宴请亲友和工匠。特别是新屋落成之日更显隆重热烈，燃放鞭炮，大摆宴席，以示庆祝，前来庆贺者献上礼金。也有请戏班的。此外，厂、店、祠堂、庙宇等工程建设竣工之日也要宴请亲友庆贺，酒席数量不等。

寿诞 做生日酒有“男进女满”之俗，在男满九进十、女满十之日设酒宴。亲戚朋友打红包祝贺，少者数桌，多者数十桌。但男忌做三十，女忌做四十，是所谓“不三不四”。一般以 50 岁、60 岁、70 岁寿诞较为隆重。80 岁做寿酒者不多。也有女婿在岳父母高寿时送寿衣、寿鞋、寿被等物“押喜”。

丧葬习俗 旧时，有女之家，寿衣、寿鞋、寿被均由女儿制备，无女而有侄女亲近的，侄女也多义不容辞。人死后，家属在床头烧“倒头纸”九斤二两（4.6 千克），并烧纸马或纸轿送死者上路。孝子到河边或井边“请水”抹尸。亲友往悼，谓之“探活”。入棺封殡须等亲人到齐，以前有延至三五天甚至上月才封殡者。在厅屋设灵堂、焚香烛、化纸钱、摆酒饭以敬死者。亲朋友邻前往烧香祭奠，送奠仪、挽联、祭幛或花圈等表示哀悼。孝子孝孙披麻戴孝，轮流在灵侧守护回拜。

灵柩在家一般停三日后安葬，也有因候良辰吉日或等候亲人而迟至数十日才安葬者。安葬前几日，请道士做道场，主事者张贴讣告、执事人员表。安葬前一日设午宴、晚宴款待亲友，谓之“吃烂肉”，一般下午四到五时在屋前或屋后拣一空旷地，在道士的主持下为死者烧纸屋、钱笼。夜间举祭，打夜鼓、唱孝歌，也有请当地草台班子表演时兴节目的，谓之“闹丧堂”。翌日出殡，抬柩者称为“八抬”（八大金刚），一般 8 人，有多至 16 人或 32 人者。敲锣、丢纸钱、放炮者前导，旗采（举旗幡）、花圈、鼓乐紧随，孝子端灵牌或遗像在柩前向亲邻放鞭炮者行礼、跪拜。出殡途中，遇接肩、摆茶、供香者，主家给以香烟、手帕或零钱以表谢意。亲友护柩随后。

下葬时，孝子跪在墓穴前，道士念咒并向孝子衣兜撒“分金米”，喻福泽后人。下葬后，即用土堆成圆锥形或长方形坟堆。葬后第二天，家属再备香烛酒菜上坟并修整墓堆，坟前立石碑，谓之“复土”。

新中国成立后，火葬逐步推行，礼仪礼数简单了许多。

祭祖习俗 祭祖是人们生活中的一件大事，一般清明节扫墓讲究“前三后四”，即前三天上坟表示恭敬，若实在太忙，后面四天也可，都算正日子。

除冥诞和春节前几天准备酒菜和香烛纸钱到墓地祭奠先人外，浦口人最重要的还是到祠堂去拜祭。祠堂的祖庭上供奉着同族人共同的先祖。逢婚丧喜庆前一日，拜祖先是必需的仪式，即所谓告慰先人。全家皆入祠堂，依长幼辈分排列，摆上符方、斋饭、酒，插上三炷香，一齐跪拜。

一年中在祠堂举行最隆重的祭祀要数冬至节。旧时习俗中，各氏族在祠堂聚会、祭祖，由本族士绅总结一年族祠事务，改选族长。一族之长召集各房之主商议“冬至酒”的举行。“冬至酒”也即“保丰酒”，也叫“庆丰酒”，庆祝当年的好收成，拜请祖先保佑明年再丰收。当地俗语有云：呷保丰酒要穿长褡子。穿长褡子表示庄重，也是一种荣耀。

整个祭祀仪式比较繁复严谨，执事人员很多。整羊整猪供于祖庭前，高香红烛，一派肃穆虔诚，主祭人必须沐手净身。礼毕，群贤落座，觥筹交错，互赠吉言。历代至民国时期，不准妇女进祠堂参加祭祀。大革命时期，共产党提倡男女平等，冲破封建束缚，妇女也可进祠堂吃酒。民国后期，族权逐渐衰落。新中国成立后，祀会田产皆归公，宗族观念淡化。

节令习俗 农历十二月二十四日为“小年”，当地人很重视，流行说法是“小年”就是小孩子过年，因此，小孩子在这一天，获得完全的自由，不用做作业和家务，想吃啥就吃啥，不是太出格的话，长辈们一般都不会指责。除夕，俗称“过年”，农历一年中最后一天。最为隆重，也特别讲究。合家团聚，杀牲、焚香秉烛、放鞭炮祭祀天地祖先诸神，吃团年饭，贴门神和对联。晚上全家围炉烤火，吃茶点年糕，长辈给小孩压岁钱。成年人守岁，午夜时争先放爆竹开财门。还有老者，新年钟声刚过，故意打碎一两个碗碟，取“岁岁平安”之意。这一晚，有家的人，绝不会歇在别家，“岁”只能为自己守。

传统习俗中，正月初一日不能扫地，怕扫走财气。外面的鞭炮屑要是有碍出行或影响他人，也只能往自家门前扫，不能倒掉。这一天皆多吃素戒荤，相传此日吃素一天可当一年。菜肴多为金（南）瓜、芋头、青菜、白菜之类，寓意“堆金积玉，清清白白”。清早，小辈向长辈拜年，或到祖先墓地拜祖。初一是不许口无遮拦乱说话的，否则招人厌弃，譬如死呀、倒呀等。民间说法，初一说什么做什么都很灵验，而且一年到头都会如此。因此，初一都盼开个好头。

初一送财神菩萨的人很多，红纸印刷的，图画模模糊糊大都不清晰，但家家户户大抵一般来者不拒，都会开门笑纳，给送者 5 元、10 元不等，互道谢意。到初二日就冷淡了很多，纸张太小的就表示很遗憾：瞧，墙上都贴不下了。

整个春节期间，即初一至十五，基本上都处于拜年活动中，亲戚朋友能去的大都会欣然前往，互相轮流尽东道主之谊。有“初一崽，初二郎（女婿），初三初四拜干娘（包括姑母姨母），初五初六拜地方”的习俗，久而久之，先到谁家，后到谁家，基本每年不变，成为定例。

正月初七，家家备酒菜过“上七”，拜年活动基本结束。有“拜年拜到初七八，糖缸盖子扑起嗒”的说法。

初二起到十五日，龙灯、狮灯、竹马灯、蚌壳灯串户上门表演，花鼓戏、皮影戏到各居民聚集区演出，民间艺人登门“打春”“赞土地”，亲友邻里互请吃“春饭”。

农历正月十五日谓之上元，早晨、晚上吃元宵。夜晚耍灯进入高潮，挨户串门，鼓乐喧天，鞭炮齐鸣，十分热闹。浦口及东乡的星子灯更具特色。观灯者成群结队，通宵达旦，俗称“除夕晚上的火，元宵夜里的灯”。

端午节，各户门上悬挂菖蒲、艾叶，以驱邪防病；煮菖蒲艾叶水给小孩洗澡，并制雄黄酒涂擦人体肿患处，点雄黄蚊烟熏赶蚊虫。家家吃粽子、包子和盐鸭蛋，办酒菜过节。组织龙舟竞赛，观众拥聚两岸，颇为热闹。

农历七月十五日为中元节，俗称鬼节、敬祖节。各姓氏家族会组织族人去祠堂为祖先烧包（纸钱）。各家各户于七月初十日起，先后迎祖先牌位于堂上，早晚焚香秉烛，三餐摆酒饭奉祀。十五日黄昏，烧包送祖先归位。前一年内有人去世的家庭，中元节备纸屋、纸衣、纸箱、纸钱等，在中元节前择日为亡者“烧新衣”。

生产生活习俗 平常，人们早上忌讲“蛇、鬼、血、死”等字和梦事。平时也忌讲“穷”，称芹菜为富菜。

农户围秧田和菜园篱笆时，禁忌与别人对话，否则，怕围不住鸡鸭。种谷下泥后三天，叫“秧三朝”，农民用香烛酒饭敬祀田神，祈求不烂秧。

谷雨时节，农户耕牛已紧张劳作一段，主人让其休息一天，并喂以精饲料表示慰劳，以利再耕，称为“谷雨歇牛”。

立夏之日，农民习惯吃一餐米粉粥，农谚“吃了立夏粘，石头踩成坑”。意即吃立夏粘更加强壮有力。

每年临近夏至的辰日为封龙节，农民不挑粪桶，以免臭气冲天得罪龙王而降灾。

农历六月初六为婆官节。农民剪婆官纸衣涂上鸡血后，插于稻田中祈求丰收。且多于当日吃早稻新米饭，谓之“吃新”。

每年旧历除夕日或正月十五日清晨，农户点燃稻草编结的草把置稻田一角，以祈减少虫灾，谓之“送烟包”。

靠河吃饭的人忌讲“沉、翻、滚、烂”。饭瓢、调羹不得覆放甑中、桌上，筷子不得交叉或倒放。煤炭工忌骂“火烧鬼”。商店开门时禁忌说“冒得”“背时”。杀猪匠谓猪舌为“招财”。

木工谓斧头为“猫头”或“开山子”。药店不能与棺材店对面，各类商店对门都忌开肉店。商店门口不准停放棺材，但倒了大粪则认为是“屎财”。

大年初一日、十五日不讨账，成为各行业共同守则。

民间艺术

狮灯 耍狮灯一般由10人组成，表演节目有舞狮、耍瓷坛、水碗、流星、单叉、跳方桌、钻圈和拳术以及棍、枪、耙、刀、剑、凳等器具，武术与杂耍，配合锣鼓唢呐伴奏助威，登门串户。以前，狮灯主要是庆贺新春佳节，从农历正月初一玩至十五日较多。后发展到其他庆典活动也有狮灯表演。一般稍懂武术者经过简单学习都可以耍。“四季狮灯”不受时间限制，由师傅或高手带领数名门徒，出门参师访友，江湖卖艺，以武为业，多有过硬功夫。

狮子灯（2018年） 浦口镇政府 供

龙灯 有日龙和夜龙两种。日龙灯从龙头到龙尾共9节，用龙衣连接，每人举一节，另由耍珠的领头，随着锣鼓唢呐的节奏舞动。舞龙的形式有观音坐

星子灯（2016年）　浦口镇政府　供

莲、麒麟送子、筒车挽水、龙摆尾、纺棉花、节节圈等。夜龙每节安上点燃的蜡烛，舞动起来就像一条五彩缤纷的火龙。1984年2月，在县城灯光球场组织过“醴陵第一届民间灯舞比赛”，浦口公社宝丰大队名列前茅。

星子灯　醴陵民间舞蹈星子灯，是中国目前独一无二的一种龙舞，是中国最古老的火龙舞之一。[①] 2013年6月，星子灯被列入第三批湖南省非物质文化遗产保护名录。星子灯开创和流行于醴陵市东乡花炮主产区浦口、白兔潭、王仙地区。以树皮屑及硝磺为火褶子，置于木柄铁夹器中，每一煽动，火星纷飞，佐以鼓乐，民间认为可以辟邪。

在悠久的历史岁月中，醴陵民间艺人不断对“星子灯”的道具和队形进行调整与规范，久之便形成了今天民间舞蹈“星子灯”的完整结构。“星子灯”的形成，引发了爆竹生产的历史性变革，产生了它的分支——花炮，这一项目已入选株洲市非物质文化遗产名录。

竹马灯　竹马灯又名围鼓班，起源于浦口镇三铺村赖家坝、店湾一带。竹马灯事先由工匠用竹篾编织成马的形状，用彩纸裱糊，分为马的前身、后身，合系于出演的男女角色腰腹间。演员手执马鞭，仿如骑马姿态。演出时助以鼓乐，有时合唱，有时按剧情

① 株洲新闻网2018年7月7日讯。

轮唱，或缓以和声。因为器具简单，便于在乡村间流动表演，为民间喜闻乐见。

鱼灯 起源于浦口镇三铺村。事先由工匠用竹篾编织成各种鱼、鳌及虾的形状，再用彩纸裱糊，并彩绘成鳌、鲤、虾之类。演出时，鱼体中亮烛光。表演者手举鱼等依次游动。鳌领头游动，虾沿边跳跃，鱼贯而入，形色毕肖，浮沉起伏，同时伴奏鼓乐节拍，场面宛若鱼群游戏于水中，欢快热闹，围观者津津乐道。

蚌壳灯 浦口镇三铺、保丰、山塘等村均有。先由工匠用竹篾编织出蚌壳的形状，再用彩纸裱糊。一表演者手操两扇蚌壳，随欢乐的音乐快慢节奏启闭、游走，另一表演者饰"蚌壳"端坐其中，还有饰渔人者持网巡视一旁。表演中，边唱边跳，表演相关情节，最终渔人张网捕住蚌壳。其场景诙谐多趣，引人欢笑。

粑粑灯 多人组合，表演时由一人扮老者，手执灯笼，配以四句为一段的押韵唱腔。在锣鼓声间隙中，领头者自报为土地神送春，相继进入各家各户，专唱赞颂户主及家人唱词。有时又持灯笼唱茶歌。旧习中，表演者不受包封馈赠，户主仅赠以糍粑粑，故名"粑粑灯"。

打春锣 境内自古就有人以此艺为业。表演者胸系小锣鼓，沿途敲鼓入门，随口编出唱词，报送当年春到时日及四季节气所宜农事，如遇喜庆，则又转赞宾客，诙谐有趣，逗人欢乐。

龙船 旧时端午时节，沿江各村，大多组织龙船竞赛。龙船需专制，务求轻便，不用篷船，前面有篙桨各一叶，后面二桨为抱桨。两舷皆用桡，入水成线为蝉足，船体前面悬一铜锣，置一响鼓。操练和竞赛时均选习水好手参加，听鼓点划桡，齐力前进。每次竞赛，船数不一，远近男女，分集两岸，观评胜负。到 20 世纪 80 年代，澄潭江水位偏浅，竞赛活动很少。河边还多处留存有当年专门放置龙船的船屋。

戏台 在当地习俗中，凡有龙王庙的地方必有戏台。全镇各个行政村都曾分别建有戏台，有些村还不止一个。旧时，有病患者许愿于神以求平安。待到年末，则族众和邻里乡亲捐资，请伶工唱大戏（即湘剧）以还愿，附近村民纷纷前来观看。剧中人物大多为群众所喜爱。当今，人们生活悠闲，逢节庆或谁家有喜庆之事，一般也会请戏班前来演出。

影子戏 旧时流传较广，浦口也曾盛行。多用来还愿，只能夜间借助灯光演出。由操作者用小竹竿围成一个小戏台，三面蒙布，前面糊纸为框作为屏幕。道具是剪纸做成的人物头、身。身体及四肢通过操纵可以转动。操作者将人物灵活地展现出来，同时配以唱腔，一般以湘剧为主。虽然场面较小，但气氛热烈，深受人们喜爱。民国时期（1940年前后），境内有彭熙堂所组织的永和班影子戏颇有名气。

出故事 用一个木制台，由四人抬杠而行，由童男童女站在木台上，在鼓乐声中表演。一般从历史剧中节选群众所喜爱剧目作为演出内容。演出时边演边走，周游各村，名为赛神，一般多在天符神等诞辰日举行。与此相类似，还有踏高脚表演的，以木棍制成双拐，表演者经过化妆，身着戏服，饰演历史人物，踏着双拐行走，比常人高出一截，以吸引人们关注。

特色饮食

小炒肉 浦口人最爱做小炒肉，为醴陵名菜。

小炒肉（2018年） 张文祥 摄

正宗小炒肉，一般取七分瘦肉，三分肥肉，均切薄片，肥肉下锅爆出三分油，然后放切碎的新鲜红辣椒，下足盐，待辣椒熟时放瘦肉，炒至肉变色，呈卷状，俗称猫耳朵状为佳，即扒平放水。水不宜多，多则汤寡，少则加热不匀，影响口感，要放至与肉齐。放水后不去动它，锅边水起花了才能去翻动，然后放芹菜，再开一次即可出锅。但早出怕不熟，迟出就会过火。

小炒肉炒时间长会老，要不待汤全开就出锅，这时的小炒肉才会肉嫩、汤鲜。如能选用刚杀之猪，肉质尚温，味特鲜，也不用放味精，一放就达不到品质天然的效果了。主要佐料辣椒，最好用贺家桥产的“玻璃辣椒”，它皮薄肉厚，籽少，且辣中带甜，甜中有鲜，辣味刚柔相济，吃在嘴里，鲜辣甜甘嫩脆香俱备。此肉宜大口吃，吃满口味，一片一片吃，是体会不到个中滋味的。

东乡十碗　千百年来，浦口在饮食方面逐渐形成自己的特色和体系。当今醴陵酒席“十碗”或“四盆八碗”规矩的形成，与浦口人民的智慧分不开。虽然时代进步，十碗的内容多有变化，但总原则必须遵从，改变的只是细节。“十碗”的酒宴文化已经在醴陵根深蒂固，各色酒店皆以此为基准，再充分展现自己的特色。

历史上流行的是“老十碗”，即“五层楼”（亦称全家福或头碗），喻五子登科。有的可用海参（海参盖面、五层楼肉、红枣、蛋、鹅颈丸子、回锅肉）、生肉（鸡肉）。有的会用全鸡，喻丹凤朝阳；圣干（以笋打底、圣干为主，配以海鲜、红萝卜丝、白菜头、精肉丝等食材），喻海纳百川；羊肉（原汁），喻三阳开泰；也可用猪蹄，喻金榜题名；果饭（糯米，猪油制作，加红枣、果脯、芝麻），喻红运绵长；蹄子，即虎皮扣肉；墨鱼丝（以烟笋打底，鱼丝盖面，配以肥肉丝、红萝卜丝、油豆腐丝等食材）；心肺（以笋丝打底，心肺盖面）；肚片（以笋丝打底，肚片盖面）；蒸鱼（加豆豉）。“老十碗”到底经过多少代人的打磨，已很难考证。前五碗是重中之重，皆有讲究，上菜的顺序也是不能有偏差的。随着人们生活水平普遍提高，食材又非常丰富，逐渐演变为“四盆八碗”“六盆八碗”，脚鱼、驴肉、大明虾、多宝鱼、鳜鱼，甚至鲍鱼都已经入席。

剁辣椒　市面上有各种各样的盐制剁辣椒出售，有些添加有防腐剂或过量的盐，比较涩口。浦口剁辣椒开坛就可食用，不咸不淡，酸中带甜，品质高，原因不在材料而在工艺。主要做法是精选本地品质优良的红辣椒，洗净、晾干，然后剁碎，加适量盐和大蒜泥等配料，搅拌均匀，最后用瓶、坛密封一段时间即可。

羊肉煮鱼　羊肉煮鱼是浦口的特色菜。善烹者使整条街飘香。羊必须是饲养一年左右，散养的尤佳，鱼必须是当地山塘放养，1千克左右为宜。羊肉十分熟，放入薄的剔骨鱼片，煮熟即可。然后佐入香菜或富芹菜，加大蒜出锅，味道鲜美无比。

浦口黄瓜（2018年）　　张文祥　摄

浦口黄瓜　黄瓜在醴陵的种植历史悠久，是醴陵的传统蔬菜。浦口四周皆山，形成小盆地，不同的地理、气候使黄瓜的出产期比周边总早 20 天左右。其中白皮黄瓜以皮薄肉嫩、脆中带甜而闻名市内外。

柚子皮炒肉　在浦口民间，能吃到柚子皮炒的菜一直是一种幸运的事，因为制作麻烦，费时费力，有心做的人并不多。柚子皮炒油渣让很多人回味无穷。柚子皮必须是本地的柚子，柚子肉苦口，而皮却肉多且厚。新鲜的皮去其外层，肉切成条片状，煮熟至透明状即捞出，不可过火，过火即烂。然后把水挤出，褪其涩苦，再加水再挤，如此反复几次后，入清水盆漂两到三天，一天换水一次，使涩味完全褪尽。炒时放猪油渣、干辣椒粉，加大蒜、豆豉炒香，然后放柚子皮炒。其味甜爽口香。

炒柚子皮（2018 年）　　张文祥　摄

云灵寺（2017 年） 浦口镇政府 供

艺文杂记

民间传说、民间故事流传在浦口百姓之间，诗词楹联印证了浦口深厚的历史文化底蕴。透过这些丰富多彩的地方文化元素，让人感受到浦口人民良好的精神风貌。

诗词楹联

诗词

仙石桥散步诗

〔明〕汤信

独立长虹望彩霞，平畴何处不生涯。
竹林茅屋前村路，时有人来问酒家。

游仙石桥

〔明〕周谔

仙石桥遥望彩霞，竹林茅屋是谁家。
昔人去后无寻处，古渡春来看野花。

过金星岭

〔清〕汤天焕

顿觉云生履，飘然星际孤。
江流遥界楚，山色半连吴。
矮屋频高下，长虹认有无。
尚疑霄汉近，搔首意踟蹰。

红船湾转浦口

〔清〕杨传奎

浦口回环势转遒，水湾波折向西流。
沿溪碧柳停鱼艇，隔岸青山拥酒楼。
帆影冲烟回石嘴，松涛带雨涌城头。
层峰断处疑无路，小市斜过又一洲。

寄题渌江桥即赠陈盛芳

〔民国〕袁家谱

渌江桥上好风光，但愿人人陈盛芳。
八十万人皆好善，匹夫有责负兴亡。

楹联

刘鸿公祠

彝伦攸叙，祀事孔明。

汤氏宗祠

贵水星辰远，仙石日月长。

成开六百载天下亦旷古仁君无愧为我祖，汤创三千年基业乃中华鼎姓有幸是吾宗。

孝悌兴家政，仁德仰先贤。

伦常为典则，纲纪是文章。

中山乔木发千枝枝枝竞秀皆共木，渌水长流分万脉脉脉相连总同流。

昭穆明理祖德流芳朝朝脉系思源远，俎豆荐香宗功庇佑代代儿孙沐泽长。

朱氏公祠

渌水启宏基阖族冠裳光俎豆，紫阳垂燕翼传家似续有渊源。

宝华庵

宝开妙谛，华阐法门。

周氏宗祠

柳营春试马，虎帐夜谈兵。

出身务要同鲲化，第道须当念雁行。

入庙固宜隆燕享，孝亲尤贵懔鸠鸣。

武略忆宗功严肃至今称细柳，文章传道统渊源自昔爱芳莲。

周氏支祠

爱莲世泽，细柳家声。

周俊公祠

修其天爵安邦国，教以人伦守德仁。

凤鸣岐山舞韶乐，龙腾濂水吟诗经。

濂深涵雅量，溪广裕宏谋。

妙觉寺

西方三圣抬头见，东土众生得福多。

何处寺飞来，天与开山留佛住；此间尘不到，我非观水亦心清。

威震四天唯善是护，眼开三界有魔必降。

河泉龙王庙

风云际会，雷雨经纶。

龙睛普照黎群永夺丰年歌盛世，王道宏敷海宇大兴改革赛全球。

天符观音寺

西方绿竹千年翠，南海莲花九品香。

杨柳枝头甘露洒，莲花座上慧凡尘。

普度众生超苦海，光昭万姓庇钧天。

生偶公祠

南阳世第处事无奇承先祖，东鲁家声传经有道启后昆。

包公杉仙庙

千秋正气龙图精忠耿耿忆古今长传渌水，万代敬仰青天相业昭昭存华夏永庇普民。

威震华夏神灵在，志在春秋圣贤长。

河泉塔

南洲世第，东海家声。

四仙庙

王圆陈周四大仙方方显灵，萍浏潭醴百姓家个个怀恩。

畅音台

澄潭江畔渔歌唱晚，雪峰山下韶乐飘扬。

梅山殿

神威四海安天下，福泽九州定乾坤。

联盟戏台

天半泄笙歌写出升平景象，人间新部曲好看今古文章。

联盟龙王宫

燮理阴阳神安梓里，明参日月暗护乾坤。

泮川戏台

把古往今来重新说起，将悲欢离合再叙从头。

江日公祠

朗月照人如鉴临水，时雨润物自叶流根。

陈公享堂

大丘望重，义里风高。

新爷庙

脚踏太极祸福吉凶我断，背靠尖山斩妖降魔尔为。

觉海化身现金粟，普门香界涌白莲。

密云常护三千界，甘雨均沾亿万春。

道彬公祠

思前贤忠孝仁义为人榜，启后辈智勇诚信礼当先。

静享公祠

高山藏秀色，天泉润雅苗。

叶乾公祠

祖德源流远，儿孙绍绵长。

民间传说

灵官老爷怕蛮人子

浦口有很多观音庙、龙王庙以及其他寺庙，但灵官庙自古就只有一座。据说是因为灵官老爷心眼小，气量狭，对民间的要求总是有所保留，不太受待见。

浦口一直流传着灵官老爷的一个笑话故事。

灵官老爷其实就是玉帝的坐骑。由于长期跟随玉帝，傲得很，脾气也大，谁对他说话稍有偏差，他就会大发雷霆。可惜地位虽然高，职位却很低，在天庭与众神关系实在是一般般，在民间几乎就更没有人知道他了。因此除了俸禄，他几乎享受不到任何额外的香火供奉。看着别人日子过得风生水起，于是心生嫉妒，每天看什么都不顺眼。

日子不能这样过！他想。有一天，他私自下凡，偷偷地为自己在浦口合水建了座庙宇，在门楣上写上“灵官庙”，然后把自己乔装打扮得帅帅的，一本正经坐起堂来。

突然在村里多了座庙，百姓都惶恐不已，纷纷来朝拜，一时香火很旺。灵官爷心里美滋滋的。

玉帝不久就得知此事，虽然感到震惊，但想想他平时日子过得确实是清汤寡水，也就睁只眼闭只眼了。

自此，灵官爷日子是愈来愈滋润。他对于有求于他的人态度有了些变化。供奉的东西他是必须分出几个档次来的，怎样的东西办怎样的事，这是原则。而对于那些心不甘情不愿者，态度有差池的他理都懒得理，性子一来，还要多方捉弄才肯罢休。渐渐地，百姓们都知道他这个老爷蛮难服侍，不到万不得已就坚决不到他这里来，这让他很是难堪。不过，这么多年之后，他积蓄已经蛮多，一时倒也不放在心上。

合水村武伢子是个单身汉，穷得叮当响，总是吃了上顿还忘记有下顿。这天他听闻邻村王财主家请人挑粮，能有三个铜钱一担，心里翻腾了起来。只是可恨一点，谁都可以去挑，但必须自带扁担、箩。这可难死他了。没人愿意借给他，因为有箩的早都已经去了，而所有的山林也都是别人家的，就是一棵草都不属于他。到哪里去砍根竹子做篾箩呢？他忽然记起灵官庙门口有根大楠竹，高入云霄。他知道，只有这棵竹子没有任何人可以说是自己的，这是灵官老爷的。我去求求他？他想。

灵官爷一看到这个衣不蔽体的家伙就皱起了眉头，有多少次这个家伙吹着口哨从门前走过，却从来都没有进来拜过他，好像他这么大个灵官老爷根本不存在似的。今天他来干什么？灵官爷满腹狐疑，却也早下了决心，管他什么事，必须戏弄他一番。再看他两手空空而入，嬉皮笑脸地只站着打个拱手，连跪都懒得跪他一下，更是气不打一处来。

只听武伢子口中唠叨道："灵官老爷嘞！今天我武伢子有事相求，虽然空手而来，但你可不要见怪，因为我啥也没有！当然，你怪我也没用！总之是没有！大家都说你难伺候，我也不是很相信，我也一直没这么想，你是神仙，断不会与我小民计较，是吧？！"

灵官爷听得一愣一愣地，想，这家伙都知道他家贫，想不到他这臭嘴更贫。见他居然说他难伺候，当面戳他的痛处，更是把帽子都气歪了。

武伢子依然嘴巴不停，也不管老爷听清楚了没有。"灵官老爷嘞！我今天需要你门口那棵竹子做箩，有了箩我就有饭吃。依规矩我应该打卦问你同不同意，但我今天决定，阴卦要砍，阳卦也要砍，顺卦更要砍，除非你还有别的卦！我希望你不要为难我，你看着办！"

"这这这……"灵官爷登时气得发蒙，好无耻的家伙，空手来，倒想从我这里弄走东西！但转而计上心来，不动声色冷笑一声，暗道：小子嗳！看我怎么整治你！嘿嘿！

只见武伢子好玩似地拿起卦，猛地抛起好高，随即"哐"的一声落地。灵官爷咒语微动，只见那竹制的卦几个翻滚，神奇的两只都立了起来，再也不动。既不是阴卦，也不是阳卦，更不是顺卦，而是正卦。

武伢子见两只卦不偏不倚地立着，宛如露出地面两寸高的笋尖尖，一时也呆在那里，哭笑不得，暗道灵官爷果然是不带爱相（不那么可爱的样子）。

灵官爷拼命捂住嘴巴，简直肚皮都笑痛了，心想：看你小子还有什么理由去砍我的竹子！

谁知，武伢子一激灵，猛拍脑门高声道："我懂了！谢谢灵官爷，还是你灵官爷想得周到，你是说砍可以，但要留一截篼做种是吧！好的好的！多谢灵官爷！"武伢子起身提刀奔出。

灵官爷哪还阻止得住，只气得捶胸顿足，哭丧着脸骂道："你这个蛮人子！你这个不讲理的蛮人子！"气得差点变回原形。

浦口的灵官庙到现在为止还是最小的，后出道的神，庙都比他的大，可能就是因为他这个脾气造成的。

仙棋石

在浦口原冷水坑村，有一块平坦的巨石，相传乃西晋王质修炼之地。这块石头，之所以这么有名，就因为王质曾经在上面下了一盘棋。

王质自小就有仙缘。年轻时有一天，他到家乡南柯山砍柴，看见两个老人在一个石洞中下棋，这一看着了迷，竟忘记了时间。老人身边的一个侍童提醒说："这位大哥，已经很晚了，你应该回家了。"王质从棋局中回过神来，准备回家，却发现砍柴的斧子都已经朽腐了。原来他不知怎么入了仙界，洞中方一日，世上已千年。回到人间，自己的亲人朋友早都不在了。王质从此云游四方，修道成仙，而对于棋道却近乎痴迷状态。

这一日，来到浦口境内，见一块巨石横卧路上，高五尺多，上面却出奇地平坦光滑，靠山一面，旁边有几棵年深月久坏死的树，没有被樵夫砍去。再看周围，众材丛杂，有松有竹，有桐有梓。花草纠密，幽香袭人。时值酷暑时节，此地格外清凉，往来的人们大都在此地休憩一阵，互相谈笑悠然，有的还土曲清歌，博人一笑，这极和美的一幕，使王质仿佛回到了一千多年前的家乡。

不觉中王质在此处一待就是几个月。某日秋晚，月在林梢，王质信步于巨石前，只见光点落在石面上，黑白间如一盘高深莫测的棋局，王质一时竟看得痴了。想起当年两个仙翁那盘棋，何其相似。而光影移动间，棋局更是变幻莫测。王质知道，这是有仙人要与自己博弈了。这一盘棋，直下得蛙鸣蝉噪，牧笛樵唱，皆不入耳，繁花飞堕，日升月落皆相忘于身外。但见王质口中喃喃，手指轻摇，时而微笑豁然，时而屏气凝神，物我两忘，似正与人手谈。乡人见他仙风道骨，白发飘飘，皆引为奇人。

这盘棋究竟下了多久，没人去计算，但这石从此便被称为仙棋石。而王质的到来，也成了与浦口相邻的王仙地名的由来。

梦碧泉的传说

古时候，浦口有个时期连续几年大旱，粮食几乎绝产，村民生活极为艰难。杨秀才是当地最有学问的人，然而对于天老爷的惩罚也是一筹莫展，祭天求雨的活动都不知搞了多少回了，老天爷就是不开眼。每天只好带领大家到处打井开渠，却收效甚微。杨秀才这个心性平和之人也不禁大骂起无良的天老爷。

这天晚上，杨秀才躺在床上饥肠辘辘，老婆在旁边也是肚子咕咕作响，皆辗转反侧，难以成眠。待月上中天，终于饿得昏昏沉沉。恍惚间却见一白眉仙翁向自己飘来，也不叫他，只一直向前飘去。杨秀才觉得稀罕，反正又没事，便跟着仙翁一路而来。待仙翁停下时，秀才定睛看四围，树木葱茏，山高林密。仙翁落脚处却怪石奇兀，花草纠密。只觉得有些熟悉又有些陌生，一时想不起来。只见仙翁蹲下身来，在岩石错乱处用手一捧又一捧的喝起水来。秀才咽了口唾沫，大感骇异：这是哪里的水？也不见有水流出，他是怎么喝到的？

对水的渴望，让他不自禁地想凑前去看个究竟，却不想山路崎岖，一脚踏空，直往悬崖下掉去。杨秀才骇得出了一身冷汗，却发现原来是幻梦一场，不禁又"呸呸呸"大骂。平息半晌之后，回想梦中一幕，忽然觉得那地方与后山极为相似。

再也无心睡觉，天刚微微亮，杨秀才就迫不及待地赶往后山，越走越熟悉，地形地势越来越相似。在一块巨石脚下他停住了，左右打量，岂不就是梦中所在！可哪里有水呀？一点踪影也没有。他又认真查找了一番，依然一无所获，不禁颓然而坐，愤愤地搬起身边的一块石头朝山下砸去。待手收回时，感觉手格外冰凉，侧身一看，刚才石头所在处一湾清水映入眼球。秀才不敢相信自己的眼睛，揉了揉，是真的！他狂喜不已，捧起喝了一口，清甜甘冽。他痛快地喝了一气，水却不满不溢。他拿起石头砸开一个缺口，顿时清泉咕咕而出，沿山势奔流而下。

村民有了这眼泉水，又注重储存，从此以后再也不怕大旱了。

过了一阵子，杨秀才为感谢仙人的指引，又来到泉眼前，忽然发现正面巨石上纹理隐约显出有文字模样，细细看来，却是"梦碧泉"三字，想想自己的梦境，方悟出天意之可敬畏矣，于是请当地名匠依痕刻石。

由于年深月久，字迹逐渐风化。到明朝时，浦口人拔贡肖来凤辞官隐居于此，重书三字，沿用至今。

傅家管庙　潘家管河

一直以来，浦口都流传一个说法，傅家管庙，潘家管河。查其大概，果不其然，很久一段时间内，这两处确实被这两姓把持，而究其原委，实是事出有因，倒并非是个笑话故事。

据说由于元末战乱再加上朱元璋血洗湖南之后，包括浦口在内的整个湖南地带，大都十室九空，人口少到历史极点，醴陵土著居民仅剩十八户，而醴陵也从州降为县。当时的浦口一带更是人迹罕有，一片凄凉景象。情况最终被朱元璋知晓，于是下令，江西、福建以及广东几省居民皆可无条件进驻湖南，谁先到达均可自由插标占地，据为己有。此令一出，天下纷然。江西邻醴陵最近，而又与东乡浦口一带更近，于是万户奔先，唯恐落后。不几日广阔良田美畴悉数占尽。

然有先便必有后。傅氏一族千里赶来，手里拿着旗标却无处可插。万般无奈之下，忽见山上有若干庙宇，便有如醍醐灌顶，分为几路，迅速占领各个山头，把旗标插满所有寺庙道观，总算是安居下来。并定下规矩，想要木材者，拿土地来换。

可怜潘家，千山万水到得浦口，几无立锥之地。连山都被占尽，看来只得打道回府了。手里的旗标还有什么用？族长懊恼得把旗标迎风一抛，却见旗标几个翻腾落到了河里。族长猛然一激灵，计上心来。马上吩咐族人，占领当地所有河流。并放出话来，想用水或捕鱼者拿土地或山林来换。

各有各的权利，而又各有各的需求，一段时间之后，各门各姓在交换中最终都得到了平衡，互相融合，逐渐形成了延续至今的民风民俗。而傅家和潘家确实在很长时间内，都对山林寺庙和河流渔业起着主导作用。至今在浦口，出水打鱼的仍以潘姓为多，寺庙文化热衷者以傅姓为主。

四十八坡的传说

“村南四十八坡，坡坡四十八窖，窖窖四十八缸，缸缸四十八块，块块四十八斤。”这句民谣已经流传了不知多少年，迷惑了不知多少寻宝者。总之，究竟有没有宝藏，谁也说不真切。到如今，人们最多当个闲话笑着说说，谁也不当真。

相传那年朱元璋在江西鄱阳湖大战陈友谅，陈友谅最终节节败退，当退到浦口时，朱元璋差不多已经追到眼前了。要想轻装快退，所有辎重必须丢弃。但几十车的金银珠宝怎么办，总不能留给朱元璋吧！最好的办法就是掩埋，待他日回师再取。

这时，有个幕僚凑前来，建议道：“既然要埋，就要万无一失，不妨这样……”与陈友谅密语一番，陈友谅不住点头，大喜。

陈友谅当即下令，所有人全部上山挖坑，十人一组，坑必须深三丈（10米）以上。一夜之内，在四十八坡这连绵不绝的崇山峻岭之中，便挖出了不计其数的坑，连陈友谅也不知道到底有多少。不过他并不在意这个具体数字，他要的就是这个效果。你想啊！连他自己都搞不清，朱元璋会找得到？

待他把财宝埋好之后，又命把所有坑全部填满，并做好伪装。只有一点，陈友谅到底是把几十车珠宝埋在一处还是分若干地方所有坑都分而埋之，谁也搞不清。朱元璋到达时，命令挖宝，但面积太大，又不明所在，结果一无所获。陈友谅趁此机会早已退到宁乡一带。后来很多的寻宝者也都空手而返，没见哪个挖出一星半点儿值钱玩意。有人说，这也许就是陈友谅的瞒天过海之计，其实并没有把财宝真的埋下去。

但从此以后，四十八坡的流言就被传开了，虽然相信的人越来越少，但现在到四十八坡的“响鼓岭”一跺脚，里面便空空地咚咚作响，令人想入非非。

朱元璋夜宿文武滩

浦口荣坪村有段美丽的河滩，叫文武滩。水浅时，金黄的细沙柔柔的一片，村民多在此捉鱼抓虾或嬉戏打闹。而文武滩之所以如此有名，据说与朱元璋有一段渊源。

元末，当朝有异人向皇帝进言，向东有帝星出现，天下将被朱姓取而代之。皇帝大惊，密令把东面朱姓杀光。消息最终传遍山东一带，朱姓人家四散奔逃。朱元璋母亲有孕在身，也只得漫无目的地往南方走。这天，走到江西与醴陵搭界的地方，实在是走不动了，加上忍饥挨饿很多天，昏倒在山脚下，这山便是现在的太屏仙山。有和尚发现有人昏倒，便把她背上了山，不想朱母当晚发作，艰难地分娩后不几天便再也没有醒来。

住持没法，只得把朱母葬了，把这刚生下的孩子抚养起来。这孩子也是乖巧伶俐，生得又天庭饱满地阁方圆，大家都很喜欢他。这就是幼年朱元璋。一晃就是八九年，这天师傅们都要下山化缘去了，留朱元璋一人守庙。师傅出门时嘱咐他没事把整个庙内打扫一下，尤其是要把菩萨身上的灰尘扫干净。

可由于朱元璋还太小，菩萨又坐得高，要把佛堂和菩萨弄干净还真不是容易事。朱元璋有些烦躁，便大声喊道：“所有菩萨都出去，莫碍我的事！”

话音刚落，所有菩萨果然都从台座上起身走到了门外，朱元璋见他们如此听话，也没有多想，只拿着笤帚把佛堂上下左右认真打扫起来，完后又去外面为菩萨抹灰，活还没有干完，师傅们就回来了。见菩萨都在外面，不禁恼怒：“你这孩子，你怎么把菩萨都

文武滩（2017 年） 张文祥 摄

搬到外面来了，你简直大不敬！罪过罪过！”

朱元璋回道：“我没有搬呀，是我叫他们出来的，他们就真的出来了。”

师傅见他狡辩，但想想他又不过是个孩子，也不好过分责怪。于是嗔笑道：“好吧！你既然可以喊他们出来，那现在就喊他们进去吧。”

朱元璋马上喊道：“灰尘已经抹完了，你们可以进去归位了。”

师傅看几位菩萨果然依次进去，骇得连连后退，差点惊得下巴都掉了。回过神来，却见山神菩萨扭捏着想进不想进的样子，正纳闷，却又听得朱元璋叫道：“哎呀呀！你这家伙不听话！”拿着笤帚就打，“你不进去！就请你滚到山门外去。”生生地把山神赶出了庙门，从此以后弄得这天下山神再也不敢进正庙了，只落得在山脚建个小庙的下场。

师傅是见过些世面的，连菩萨都听他的，知道这是遇到真主了，而全国都在抓杀姓朱的，想来就是他无疑了。师傅思前想后，为保寺庙安全，只得对朱元璋道：“孩子呀，师傅对不起你，我这庙太小，只怕是容不下你呀！你还是另找别处吧！”

朱元璋虽然年小，但一颗心早就想往外飞了，他知道今天的事可能是真的把师傅吓到了，便顺水推舟。想想以后四海为家，前途渺茫难测，于是泣声拿来笔墨，在墙壁寻一洁净处，提笔写道：天为罗帐地为毡，日月星辰照我眠。夜晚不敢长伸脚，唯恐山河社稷穿。

拜别师傅欣然下山，出来本就已近傍晚，一路走来，到浦口时已是天黑很久了，啃了几口干粮，到河边喝了一气水，终觉疲劳得很。时值初秋，真是凉快，见脚下好大一片沙滩，细细柔柔的，天然一张床嘛！朱元璋再也支持不住，用伞枕头，四仰八叉地睡着了。

可巧的是，刘伯温不甘寂寞，千里寻真主，也到达此地。月光下，远远地见沙滩上有人睡觉，摊手摊脚的，甚是奇怪。走近一看，伞枕其头，其睡姿宛如“天”字，心中暗惊暗喜，但又不敢很确定，于是故意绊了一下。朱元璋受此一惊，并没有醒来，只本能地蜷起了腿，顿时“天”字变成了“子”字。刘伯温见之简直欣喜若狂，这就是自己一直寻找的真命天子啊！从此，刘伯温便一直在后面护佑着朱元璋，终使其成一代雄主。而这河滩最后被叫成“文武滩”，想来应该是“洪武”的发音变异而讹传了。

名人与名镇

浦口地灵人杰，历史名人与当代优秀人物层出不穷，在历史舞台和时代舞台上展示出亮丽风采，为国家与民族做出卓越贡献，也为浦口社会经济发展发挥了重要作用，使浦口成为人文荟萃之区。

人物传略

汤信（1393—1475） 字以实，一字雪峰。浦口仙石人。明永乐二十一年（1423）被授予选贡。明宣德五年（1430）授夔府云阳教谕。明正统二年（1437），转南京大理寺左寺副。正统十三年（1448），为山西汾阳县知县，曾自题联额于堂厅：“作汾阳一行吏，春温秋肃；受暮夜半文钱，地灭天诛”。在任期间，当地有一豪强恶霸林之奇强占凶殴一案，前任无法结案，造成民怨沸腾。汤信详细了解实情以后，秉公执法，果断处置，将罪犯绳之以法，深得民意。不久晋升为泽州知州。明成化十年（1474）十一月去世，享年 82 岁。葬于浦口仙石村合水口。民国版《醴陵县志》为其列传。

汤天焕（生卒年不详） 字汉章，号石岑。浦口仙石村人。清乾隆三年（1738）参加乡试，后授知县。因其母瞿氏年老孤苦，无人奉养，遂辞去官职回家侍奉母亲，后来其母卧病不起，他总是不辞劳苦，细心料理。闲暇时间以弹琴读书为乐，并撰文著书。所著诗文，文辞清丽，意蕴悠远，为人称道。大吏盛赞他的美德，以孝廉方正举奏，钦赐内阁中书。民国《醴陵县志》为其列传。

陈盛芳（1874—1946） 字茂兰。原居白兔潭黄甲村，后迁浦口河泉。父早逝，家贫寒。年少从兄学砌工，因善于吸取他人所长，技艺日精。清光绪二十二年（1896），经文俊铎推荐去安源矿务局。值安源煤矿建造高近 20 丈（约 67 米）烟囱，尚无人建造成功。陈盛芳观察他人失败教训，改进施工方法，遂得建成，受到矿务局总办张韶甄、德籍工程师赖伦赏识。此后，路矿所需厂房、烟囱，均由其承包建造，收入丰厚，于是大量购置田产、房产。家业大富，后来陈盛芳返回家乡。

县城渌江桥，原是石墩木梁，1918 年，被北洋军纵火烧毁。1924 年，陈盛芳捐银圆 3.4 万元，田租 250 石，倡修渌江桥，全县集银圆 20 余万元，推傅熊湘为主修，制定建桥工程规划，改建麻石拱桥，定桥址于旧桥上游约 50 米处。陈盛芳任工程经理，组织施工，指挥监督，虽酷暑严寒不懈。次年 10 月竣工，桥长 186.7 米，宽 8 米，高 13.4 米。中有侧桥，通状元洲。

1936 年，投资银圆万余元，创办醴陵电气公司，县城始有照明用电。1940 年，在浦口木梓市独资创办盛芳小学。1942 年 11 月，在城东狮子坡购地 22.2 万平方米，兴建东方初级中学，另捐田租 1052 石为办学常年经费。教育部颁给“兴学育才”一等奖状。1944 年，日军攻陷醴陵，东方中学校舍毁坏殆尽。光复后，又捐资在原址重建校舍。还先后在白兔潭崇德渡口、赖家渡口等处修码头，两岸建茶亭，方便行人。对乡梓老弱病幼、孤寡残疾时有救助。1946 年 12 月 12 日（农历十一月十九日）病逝，葬于西山。

石作东（1893—1929） 又名作珍。浦口尚堡冲人。19 岁到安源煤矿做工。两年后，转浙赣铁路株萍段机务处，先后当锅炉工、机械工、火车司机。1922 年初，在安源参加李立三等举办的工人补习学校。3 月，参加安源路矿工人俱乐部活动。6 月加入中国共产党，任中共火车房支部书记。9 月，安源路矿爆发罢工斗争，石作东卸下机车主要部件，带领后机务处工人罢工；与周怀德等组织纠察队，包围谈判大楼，保卫工人代表安全。罢工胜利后，石作东当选为安源路矿局总代表，第三届裁判委员，参与扩建俱乐部，举办工人文化补习学校等工作。1925 年 9 月，安源路矿工人俱乐部遭江西军阀李鸿程部袭击。打死打伤 30 多名工人。10 月 16 日，俱乐部副主任黄静源被杀害暴尸。石作东率领工人，抢出黄静源的遗体，连夜经醴陵转长沙葬于岳麓山。次年总工会成立，石作东任负责人。1926 年 7 月，组织路矿工人侦察敌情，破坏铁路，割断电线，配合北伐军作战，支援北伐军攻占醴陵县城。

1927 年“马日事变”后，石作东与安源工人纠察队参加湘东赣西工农义勇军进攻长沙的战斗，秋收起义前夕，率部分纠察队员，秘密处决湖南反动军阀许克祥部一名营长陈鹏，将缴获的武器弹药交起义部队，并率工人纠察队参加秋收起义，编入工农革命军第二团，参加攻打萍乡、醴陵、浏阳的战斗。后潜回醴陵农村，坚持斗争。1928 年 11 月被叛徒骗至安源而被捕，次年元月 8 日惨遭杀害。

陈粹劳（1906—1987） 字允遐，笔名草草，晚号耷翁。浦口联盟社区人。在长沙兑泽中学读书时参加反帝反封建学潮被捕。出狱后入武昌中山大学。1925 年，入南社。陈粹劳才思敏捷，善对，工诗，被湖南诗词界前辈誉为醴陵才子，受邵力子、于右任赏识。后投笔从戎，先后任师政训处科长、战干团和中央陆军军官学校成都分校政治部教官、中央军校政治部少将主任秘书。后相继任邵力子私人秘书，陕西省政府秘书，南昌行营调查课设计专员，国民政府侍从室三处专员、文官处和总统府编审等职。曾加入复兴社。1948 年，应陈明仁之邀，与汤如炎、张严佛、温汰沫、吴湘和、梁凤等 7 位同乡在南京明孝陵秘密集会，纵谈时局，分析形势，认为蒋家王朝已濒末日，不应固守南京，自陷绝境，望陈明仁抓点实力，逐步靠拢家乡，徐图应变。陈粹劳有感密谈成功，即席赋诗：“……风摇鼓角因秋壮，日下江河见陆沉。”

1949 年春回长沙，5 月任国民党军队第一兵团少将高参，参加长沙起义准备工作。1949 年 8 月 4 日，程潜、陈明仁宣布起义时《致蒋介石电》《告各军师长及全体官兵书》《向毛主席、朱总司令致敬电》等重要文稿皆出自陈粹劳之手。

中华人民共和国成立后，历任湖南省人民政府参事室参事，湖南省文物保管委员会委员、文物组组长，办公室副主任，湖南省政协委员等职。1957 年被错划为右派分子，1978 年改正。著有《耷翁诗词选》《关于西周漆器之研究》。评审创作诗词较多，惜未编辑刊印。1987 年病逝。

潘世宬（1908—1994） 女，汉族，浦口天符社区人，中国民主同盟成员，中共党员，病理生理学家，博士生导师。

1927 年，潘世宬考入北京大学医学院。1933 年从北大医学院毕业以后，到上海自然科学研究所从事病理知识的学习与研究工作。1938 年夏天，到湘雅医学院从事教学工作，担任讲师。1946 年 9 月，潘世宬赴美国进修学习。自 1948 年开始，潘世宬开展子宫颈癌实验研究。她在著名的病理生理学家伽得莱尔的实验室首次用“异位移植法”成功地诱发了小白鼠子宫颈癌。

中华人民共和国成立以后，潘世宬一直坚守在医学教育岗位上，并长期从事肿瘤发病学实验研究。1954 年以后，她创建湖南医学院病理生理学科，并担任教研室主任。1963 年担任新成立的肿瘤研究室主任，并长期兼任湖南医学院学术委员会副主任委员。

1960 年，她又进一步开展了小白鼠宫颈癌实验研究。创用挂线法诱发小白鼠宫颈癌，并且观察癌变过程及其组织化学的研究，先后做了 1000 多只小白鼠试验。1964 年她编写了《实验性宫颈癌研究》的小册子，收集了其研究室所做的有关宫颈癌研究的 8 篇论文。“文化大革命”中，她被无辜地扣上了“反动学术权威”的帽子，教学与科研都被迫中断。

1972 年，潘世宬重返肿瘤研究室，担负起研究鼻咽癌的重任。采用亚硝胺类化学性致癌物诱发大白鼠鼻咽癌模型。1973 年，动物模型终于首次研制成功。她主持的“亚硝胺类化合物诱发大白鼠鼻咽癌的实验研究”获 1978 年全国科学大会奖。1978 年她先后出席了全国科学大会、全国医药卫生科学大会、湖南省科学大会，均被评为先进个人。1979 年 12 月又被评为全国劳动模范，参加了全国劳模大会，被授予金质劳模勋章。

1980 年以后，她主持编写《中国医学百科全书：肿瘤学》、全国性大型参考书《病理生理学丛书》、《国外医学：生理、病理科学分册》。她参与的“活性基因带技术的建立及其在人类有丝分裂中期染色体上的定位”项目，1993 年获国家技术发明三等奖。

潘世宬是中国民主同盟成员，民盟湖南省第二届委员会委员、中国共产党优秀党员，全国劳动模范；政协湖南省第一届委员、常委，第二、第三、第四届委员；全国生理学会理事，全国第一届科技大会金质奖章获得者，全国病理生理学会名誉理事长，全国科学委员会委员，湖南省中华医学委员会副主任委员，湖南省病生学会主任委员、名誉主任委员，湖南省抗癌学会名誉主任委员，我国著名的病理生理学、肿瘤学专家，湖南医学院（湘雅医学院）博士生导师。1994 年 1 月 30 日，潘世宬因病逝世，享年 86 岁。

邹业来（1912—1986） 浦口河泉人。10 岁丧父，靠佃田和打短工维持生活。1952 年加入中国共产党。曾任互助组长、初级农业生产合作社社长、高级农业生产合作社农业股长等职。

1952 年春，以邹业来为首组织互助组；冬，转为邹业来常年互助组。互助组广种绿肥，选用良种，改革耕作制度，合理密植，制作土杂肥，精培细管，全组 88 亩多水田，亩产稻谷 577.5 千克。1952 年 11 月，被授予湖南省农业劳动模范称号，奖犁耙一套，并获农业部爱国丰产奖状。同年，送儿子参加抗美援朝，其子在战场立功，邹业来被评为县军属模范。1952 年 11 月 25 日，参加中国人民赴朝慰问团赴朝慰问。

1953 年春，组织领导邻近几个互助组，在何溪头修建抽水机埠，安装 30 马力柴油机抽水，并修建长 1000 多米的渠道，被群众推选为机埠负责人。当年受益田 950 多亩。1954 年 2 月 16 日，新湖南报在第三版以《父是模范，子是英雄》专文，报道邹业来父子英模事迹。1986 年 4 月 5 日病故。

李呈桂（1915—1994） 1915 年 10 月生，浦口保丰村人。祖辈务农，家境贫寒，仅读一年半书。新中国成立后，分得水田 14.1 亩。1951 年，其精心栽培的 1.12 亩双季间作稻，取得亩产 657 千克的好收成，被评为县、地、省农业劳动模范，农业部授予“全国水稻丰产劳动模范”称号。是年冬，带头响应中央关于“组织起来，发展生产”的号召，组织 9 户农民成立互助组，积极投入爱国丰产运动。1952 年大胆试行单季改双季、间作改连作等一系列水稻耕作制度的改革，1.43 亩连作试验田亩产达 774 千克，试种的 48.15 亩连作稻亦取得平均亩产 365 千克的大面积丰收，比当地一般水稻亩产高 11.3%，比上年增产 28.6%。李呈桂探索总结的“连作密植南特号，水利肥料加‘四早’（早播、早插、早中耕、早追肥）”高产经验，被农业部编写成《全国水稻丰产模范李呈桂水稻高产经验介绍》一书发行全国，对当时的水稻高产运动起了很大的推动作用。

1952 年 4 月加入中国共产党。9 月，以湖南农民代表身份参加中国人民赴朝慰问团，赴抗美援朝前线慰问中国人民志愿军和朝鲜人民军。12 月，出席湖南省第二届劳模大会，被授予湖南省特等劳动模范称号。1953 年，当选为湖南省人大代表。1954 年，带头组织初级农业社，任社主任。同年，当选为第一届全国人民代表大会代表。1955 年，成立保丰高级农业社，任副社长。

短短几年中，曾 7 次受到毛泽东、刘少奇、周恩来、朱德等党和国家领导人的亲切接见。

1958 年“大跃进”以后，由于顶撞“五风”（共产风、浮夸风、命令风、干部特殊风和对生产瞎指挥风）受到不公正待遇。1962 年 2 月，自费进京，向中央汇报农村“五风”的详细情况。

1983 年，李呈桂再次进行丰产试验，1.7 亩试验田，采用“稻·稻·油”三熟制的耕作办法，获得亩产油菜籽 115 千克、稻田 1150 千克的高产。1989 年国庆，作为特邀代表，又一次到北京参加劳动模范和先进工作者表彰大会，受到党和国家领导人的接见。1994 年 11 月 8 日，因病逝世。

余志宏（1916—1972） 浦口泮川人。1935 年毕业于湖南省第一中学，回醴陵任第二高级小学教师。1936 年秋入安徽省立大学。次年，入中山大学经济系，课余，常阅读《政治经济学讲话》《共产党宣言》。1938 年春，赴桂阳任区训导员。5 月，加入中国共产党。不久回醴陵，以小学教师身份为掩护，开展地下活动，并任普训国民兵指导员。1939 年春，在中共醴陵中心县委领导下，利用伯父余湘三存放在家的 30 条步枪，组织醴陵县荷里香人民抗日自卫队，自任队长。冬，因中共醴陵中心县委遭破坏而解散，去中山大学复学。1943 年毕业后，任醴陵简易乡村师范学校教师。时桂林《大公报》发表余志宏所撰写的《法西斯兴亡论》一文，引起国民党县党部注意，寒假时被辞退，于次年初到长沙，任省政府专员，筹办《展望》杂志。停刊后，任湖南省政府主席王东原的秘书。次年冬，与中共湖南省工委接上组织关系。

1948 年，任湖南大学讲师。时程潜到湖南任省政府主席，中共湖南省工委书记周里任命余志宏为统战策反组长。通过程潜顾问方叔章等对程潜做了大量工作。1949 年年初，代表中共湖南省工委同程潜代表程星龄商谈和平起义有关事宜。中国人民解放军渡江南下，余志宏转告程星龄，嘱请程潜书写备忘录。程潜要求面见中共湖南地下党组织负责人。余志宏代表地下党组织会见程潜，提出：释放一切政治犯，负责保护国家财产、机关、档案、工厂、交通、桥梁，不捕杀共产党人和革命群众的三点要求，程潜基本做到。余志宏还以中共湖南省地下党负责人身份会见陈明仁。余志宏变卖部分家产，在长沙筹办补习学校，作为省工委联络站活动经费。

湖南和平解放后，余志宏任湖南大学军代表、秘书长。1951 年，到马克思列宁学院学习。1954 年，随校长李达调任武汉大学临时党委副书记兼副教务长。后任哲学系党总支书记。

“文化大革命”中，受林彪、江青反革命集团种种迫害，曾写下“唯有忠心存大节，却无罪史辱畸躬”和“丹心夜夜照明月，未记生前死后名”等诗句。1972 年 10 月，因受折磨致病逝世。1980 年 10 月，中共武汉大学党委召开追悼会，平反昭雪余志宏冤案。湖南省副省长程星龄等参加追悼会。

刘名山（1923—1990） 出生于浦口三铺街贫苦农家。1957 年加入中国共产党，同年任浦口乡高级农业生产合作社社长。1959 年任中共浦口公社三铺大队支部书记。1966 年 9 月，任中共浦口公社鞭炮厂（现名浦口出口花炮厂）支部书记。在他的带领下，1984 年，浦口出口花炮厂获湖南省“质量管理先进企业”称号。在刘名山任职 20 年间，浦口出口花炮厂已建成具有一定规模的花炮出口大厂，设有科研小组，先后派 37 人到湖南大学、湘潭大学培训进修和赴兄弟厂家学习。1967 年改生产黑药鞭炮为生产白药鞭炮。1969 年改内销鞭炮为出口花炮为主。1970 年，改手工操作为机械化生产，降低了职工劳动强度，提高了工效。1973 年出口花炮突破 1.28 万箱。1985 年出口 8 万箱。1981—1985 年，创省优以上产品 6 项，获省以上奖励 6 项。并先后研制出 10 个系列 350 个新品种。

刘名山有多个子女，无一人在花炮厂从事生产或管理，群众赞誉他是“信得过，过得硬的好书记”。1985 年退休。1990 年 12 月 31 日午夜病逝。浦口出口花炮厂赠大额横幅“鞠躬尽瘁，业绩永存”以为悼念。

黄升平（1955—2016） 男，浦口王坊社区人，1975 年参加工作，长期从事农业科技工作，主攻水稻高产研究。历任醴陵市农业局粮油站站长，副局长、总农艺师。

20世纪80年代，杂交水稻生产已经大面积推广开来，但高产稳产技术还不成熟。为了掌握杂交水稻的高产稳产规律，黄升平长期在田间地头奔波忙碌，细心观察，掌握第一手资料。他把杂交水稻的高产当作一项综合系统工程进行研究，从育种到栽培，从气候的适应到日常的水肥管理，特别是分蘖、壮籽期间的管理，都是通过长年累月的生产实验进行不懈摸索。在水肥管理方面，他设置多个试验区，反复进行对比研究，从中选出最优办法。他把自己长期的实践经验进行归纳总结，形成了一套完整的水稻高产科研技术理论，为大面积推广应用创造了条件。

1988年，他主持的水稻大面积高产综合配套技术研究开发与示范成果获湖南省农业科技进步奖一等奖。1989—1996年，他的成果先后获得全国农牧渔业丰收奖二等奖2个，一等奖1个。1996年，黄升平荣获国家水稻大面积高产综合配套技术研究开发与示范年度先进工作者。由于他在水稻高产研究领域做出了卓越的贡献，1999年获得国务院特殊津贴。2001年被湖南省人民政府评为湖南省农业科技工作先进个人。

张运（1987—2013） 浦口镇花椒村人，大专学历，烈士。

2004年12月从湖南参军入伍，2007年9月加入中国共产党，2009年12月考入云南警官学院，2011年7月毕业后到云南省德宏州芒市公安局工作。生前任城北派出所刑侦中队侦查员，二级警司警衔，曾先后被评为优秀实习生、优秀党员。曾在第26届世界大学生运动会的安保工作中获“特别贡献奖”。

2013年5月11日凌晨4点多，连续加班两昼夜的张运在完成工作任务回家的途中，发现一中年男子旁边的摩托车电线裸露，十分可疑。出于职业敏感，他当即亮明身份，上前盘问。犯罪嫌疑人赵某，看到偷窃行为即将败露，突然拿出刀子刺向张运。由于多日劳累，体力不支，在和犯罪嫌疑人赵某搏斗中，张运被刺中8刀，倒在血泊中，结束了年仅26岁的生命。

张运牺牲后，中共德宏州委、州人民政府及州总工会先后追授他为“州级优秀党员”“爱民模范”，颁发“五一劳动奖章”；芒市市委、市人民政府、总工会先后追授他为“市级优秀党员”“市级先进工作者”，记个人三等功。2013年5月17日，张运追悼会在其家乡浦口镇花椒村举行，云南省德宏州芒市以及醴陵市社会各界数千人士参加并缅怀他的英勇事迹。5月18日，张运骨灰葬于醴陵烈士陵园。2014年11月21日，张运被民政部授予“烈士”称号。

名人与浦口

富商傅军情系桑梓 知名企业家、新华联董事长傅军关心家乡发展建设，经常回到家乡浦口看望乡亲，并慷慨解囊，多次为家乡建设捐资。同时，他还为醴陵市、株洲市、长沙市的发展建设做出贡献，也多次捐资资助社会事业，投资促进当地城市建设和房地产开发。

傅军，1957 年 10 月生，浦口镇合水村人。历任醴陵市公社党委书记、醴陵市经委副主任、醴陵市外贸局局长兼党组书记、湖南省工艺品进出口集团公司副总经理等职。1990 年 10 月弃政从商，由 1000 美元起家，创立新华联集团，担任集团董事局主席兼总裁，先后任全国政协委员、中国外商投资企业协会常务理事、湖南省工商联副主席、北京湖南企业商会会长、湖南省外商投资企业协会常务副会长等职。

经过 20 多年的快速发展，新华联集团因突出的企业实绩和社会影响成为国知内名企业。傅军也因此获得“中国十大杰出企业家”“中国十大诚信英才”“中国企业改革创新十大风云人物”“中华慈善人物”和“全国关爱员工优秀民营企业家”等荣誉称号。2007 年 11 月 20 日，时任湖南省工商联副会长、新华联总裁的傅军当选为全国工商联副主席。

大事纪略

有些尘封已久的历史记忆曾经是浦口的闪光点。改革开放40年来，这种闪光点骤然增多，构成浦口腾飞发展的响亮音符，也见证了浦口人民在时代前进大潮中勇往直前的勃发雄姿。

唐初李畋首创爆竹并传入浦口

唐太宗贞观年间（627—649），猎人李畋运用火药填充竹筒，首创爆竹。被唐太宗召入宫中为其驱鬼祛邪。回乡后，李畋将爆竹制作技术逐步向周边传授，并很快传入相距十余千米的浦口境内。使邻近的醴陵、浏阳、江西上栗逐步成为烟花鞭炮主产区。

浦口自唐初开始发展爆竹，距今1300多年。但真正形成一个产业则是经过数百年发展演变而成，至明、清才渐成规模。但一直是以手工制作为主，由普通家庭负责生产。民国时期，浦口永庆美炮庄成为具有较大影响力的爆竹生产经营企业，在周边大量收购鞭炮，远销香港、南洋、印度等地。后因战争而衰落。

中华人民共和国成立以后，浦口鞭炮产业得到迅速发展，20世纪80年代全镇先后创办21家集体鞭炮厂，成为浦口最重要的支柱产业，并带动造纸、引线、炮筒、印刷包装、花炮机械等相关配套产业的发展。进入21世纪，花炮产业机械化、自动化水平逐步提高，产业规模空前壮大。

李畋故居（2017年）　　张文祥　摄

北宋时期浦口始种双季水稻

北宋仁宗时期（1023—1063），使臣从占城（今属越南）购回早稻种子，分给农民种植；后又传入晚稻种子。从此，包括浦口在内的醴陵东部开始种植一年两熟的双季水稻，距今近一千年。自从种植双季水稻以后，浦口传统农业得到较快发展，粮食产量有了明显提高。至清代，双季稻基本普及。但由于受耕作技术和水利条件限制，平均亩产仅 300 千克，遇严重自然灾害时不足 200 千克。粮食生产仍然处于低水平发展阶段。

中华人民共和国成立以后，政府高度重视粮食生产，双季水稻得到全面推广普及，加上化肥、农药、种子、水利等生产条件的改善，耕作技术的全面提高，特别是杂交水稻的全面推广，粮食产量大幅提高，1986 年，浦口镇和周边的白兔潭、王仙等乡镇实现水稻产量平均亩产 1 吨。这在醴陵市以及湖南省产生了良好的示范引领作用。1990 年，醴陵市成为长江流域第一个双季水稻成建制亩产过吨粮的县市。

双季水稻（2017 年） 张文祥 摄

全国水稻丰产劳动模范李呈桂（1954 年） 浦口镇政府 供

1951 年李呈桂被评为全国水稻丰产劳动模范

1951 年，李呈桂精心栽培的 1.12 亩双季间作稻，取得亩产 657 千克的好收成，被评为县、地、省农业劳动模范，农业部授予“全国水稻丰产劳动模范”称号。1952 年，他大胆试行“单季改双季”“间作改连作”等一系列水稻耕作制度的改革，1.43 亩连作试验田亩产达 774 千克。李呈桂探索总结的“连作密植南特号，水利肥料加‘四早’（早播、早插、早中耕、早追肥）”的高产经验，被农业部总结后在全国推广，产生了巨大影响。

1951 年 11 月，保丰村农民李呈桂被评为全国水稻丰产劳动模范，1952 年参加赴朝慰问团。1954 年当选为第一届全国人民代表大会代表。

1958 年兴建雪峰山水库

历史上，浦口农业生产用水，主要靠人力水车从澄潭江取水。距河岸较远的农田用不上河水，只得靠天吃饭。遇到干旱，粮食生产普遍减收、绝收。为了解决当地农业灌溉问题，1958 年，上级水利部门将雪峰山水库建设列为重点水利工程。

雪峰山水库位于雪峰山麓的峡谷处，主体工程建设于 1958—1960 年完成，配套工程延续到 1984 年才逐步完善。水库集水面积 16.5 平方千米，淹没耕地 865 亩（其中水田 592 亩），总灌溉面积 23100 亩，其中水田 20495 亩。总投资 292.96 万元，受益范围涉及周边白兔潭镇、李畋镇部分村。

雪峰山水库是浦口境域内最大的水利工程。水库建成以后，解决了附近 2 万多亩农田灌溉问题，扩大了旱涝保收面积，提高了粮食产量，使农业生产获得稳定发展。

雪峰山水库（2017 年） 张文祥 摄

浦口鞭炮产品（2017 年） 张文祥 摄

1964 年创办第一家集体企业——浦口鞭炮厂

浦口公社于 1964 年投资 3900 元，在浦口市老街日杂收购部创办浦口鞭炮厂，有生产工人 67 人。这是醴陵第一个属农村人民公社集体所有的鞭炮厂。主要生产黑药鞭炮、加花、四伞红、顿边 4 个固有传统产品。产品向白兔潭区日杂收购部门交售，并用货款向日杂公司购进急需用原材料，以加速资金周转，扩大公共积累，同时建成引线车间。经过艰苦努力，到 1965 年年底共生产鞭炮 3859 箱，实现利润 28854 元，为扩大生产初步奠定了基础。1966 年于官山口创建浦口白药鞭炮厂。1973 年，因厂内生产鞭炮（专指响炮）仅有内销任务，而烟花（花炮）生产任务日益扩大，于是，浦口鞭炮厂正式改名为浦口出口花炮厂。为了更好地打入国际市场，企业成立科研小组。1978 年以后，香港客商以及挪威、美国的外商相继而来，花炮产品出口到亚、欧、美、澳 30 多个国家和地区；内销产品则已扩展到 20 多个省区，到 1986 年年底，浦口出口花炮厂有固定资产 172.32 万元，有 7 个工区 12 个车间，全厂车间仓库厂房 292 栋，625 间，总面积达 25159 平方米，占地面积约 1.5 平方千米。有员工人 3540 人，厂外加工人员 1337 人，年产值 1550.1 万元，成为湖南省最著名的出口花炮厂。

1986 年发现燕子崖溶洞

1986 年 11 月，湘潭大学几位学生到浦口开展农村调查，在合水村燕子崖发现一个溶洞，并撰文发表在《株洲日报》上。12 月，经过进一步考察，了解了燕子崖溶洞的基本概貌，洞内面积约 3000 平方米，内有阴河、钟乳石等景观，有大小洞 19 个。

1988 年 2 月 17 日燕子崖溶洞正式开放，接待游客 2 万余人。1991 年燕子崖溶洞被醴陵市人民政府确定为市级风景名胜。

燕子崖溶洞内景（2017 年） 张文祥 摄

1987 年吴同南获评全国优秀农民企业家

1987 年 5—7 月，浦口出口花炮厂厂长吴同南先后被评为“湖南省优秀农民企业家”和“全国优秀农民企业家”。1988 年 1 月，吴同南当选为第七届全国人大代表。3 月赴京出席第七届全国人民代表大会。1989 年 9 月 28 日，吴同南被授予“全国劳动模范”称号，并赴京参会，受到党和国家领导人的接见。1992 年 1 月 6 日，吴同南获农业部授予的“全国乡镇企业家”称号。

1993 年 1 月 15 日，吴同南当选为第八届全国人民代表大会代表。

1988 年浦口自来水厂建成

1985 年 12 月 25 日，浦口镇投资 25 万元开办自来水厂，日供水 1200 吨，解决了集镇区工业用水和居民生活用水的问题。自来水厂设在冷水坑村，掘深水井 3 口，铺设 2480 米输水管道，1988 年建成投产，供集镇企业及 6000 人的饮用水。

2009 年王坊自来水厂建成，供联盟、王坊、荷花等村村民 1400 余户用水。

2010 年投资 1600 万元，引雪峰山水库之水，建成雪峰山自来水厂，日供水 2 万吨，供全境各工矿企事业单位、居民日常用水。

1990 年和 1995 年浦口镇被评为“中国乡镇之星”

1990 年 11 月，浦口镇被评选为“中国乡镇之星”。中共浦口镇党委书记温美华赴北京参加国务院授奖大会。

1995 年 10 月，浦口镇再次被评为“中国乡镇之星”。11 月，浦口镇镇长吴德煌代表浦口镇参加民政部在河南省巩义县孝义镇举行的中国乡镇之星授奖大会。

1990 年和 1995 年，浦口镇先后两次被授予“中国乡镇之星”的殊荣。从 20 世纪 80 年代开始，浦口镇乡镇企业发展迅速，经济实力大为增强，精神文明建设与农村思想政治工作成效显著。镇村、机关、企业经常开展文明创建活动，评选文明典型。全镇先后有 3000 多个家庭成为文明家庭，有 98% 的家庭成为遵纪守法户，先后涌现了 10 余个文明村、280 家文明企业。

浦口镇荣誉牌匾（2017 年） 张文祥 摄

2000 年浦口镇被评为湖南省明星乡镇

1990 年 12 月，浦口出口花炮厂被评为全省 100 家最大乡镇企业和 50 家最佳经济效益乡镇企业。

1991 年 1 月 5 日，中共浦口镇党委副书记陈扬煌出席由中宣部与农业部在北京召开的全国乡镇企业思想政治工作会议。浦口镇被评为全国乡镇企业思想政治工作先进集体，并受到表彰。是年 6 月 12 日，浦口镇名列省人民政府表彰的 8 个“乡镇企业排头兵”之一。

1999 年，浦口镇被省乡镇企业领导小组评为“湖南省十佳乡镇”。

2000 年 10 月，经湖南省民政厅审批、浦口镇被评为“湖南省明星乡镇”。是年 3 月 5 日，湖南电视台记者到浦口，以浦口镇企业改制为典型，摄制了《乡镇企业腾飞》专题片，在湖南电视台连播。

2002 年 8 月 2 日，科技部批准浦口镇为“国家星火计划农村小城镇现代化建设示范镇”。

2006 年浦口通天然气

2006 年 6 月 1 日，天然气醴浦支线工程竣工通气，浦口成为全市第一个利用天然气的乡镇，镇内华鑫、华能、军力等 15 家电瓷、炻瓷企业使用了天然气。2006 年全镇企业共改

天然气醴浦支线工程设施（2017 年）　　张文祥　摄

建窑炉 16 座，计 480 立方米，企业生产燃料成本降低 58% 以上。

2012 年，集镇 520 户居民装上了天然气，浦口镇也成为醴陵市第一个集镇居民使用燃气的乡镇。2013 年，统一规划燃气管道铺设，实行逐村完成天然气入户工程。2015 年，有 10 个村的农户家庭用上了天然气。

2008 年天符出口花炮厂成为北京奥运会焰火晚会烟花产品供应单位

2008 年 8 月 8 日，举世瞩目的北京奥运会隆重开幕。晚上，盛大的焰火晚会如期举行，醴陵市浦口天符出口花炮厂成为北京奥运会焰火晚会烟花产品供应单位。

浦口天符出口花炮厂是国内知名的花炮生产企业，也是湖南省出口花炮重点企业，其产品燃放时，气势宏大，场面热烈，形式多样，非常适合大型庆典活动。企业先后荣获湖南省“花炮百强企业”、“质量管理十佳企业”、“中国焰火燃放二十强企业”等诸多荣誉称号。企业与国际著名焰火设计 PYRO MAGIC 公司、NANOS 公司建立了长期合作关系，多次参加国际重大活动的焰火燃放，先后在德国斯图加特、意大利罗马、加拿大蒙特利尔等地参加世界顶级焰火表演。并经常在希腊雅典、日本古河、马来西亚关丹、中国香港、北京等大中城市组织焰火燃放。2008 年，天符出口花炮厂成为北京奥运会焰火晚会烟花产品供应单位，成为焰火燃放合作伙伴。

2009 年天符出口花炮厂成为国庆 60 周年焰火晚会烟花产品供应单位

2009 年 10 月 1 日，是中华人民共和国成立 60 周年大典，而晚上举行的焰火晚会是庆典活动的重要内容。在焰火晚会活动安排中，浦口天符出口花炮厂被主办单位选中，成为首都国庆 60 周年庆典焰火晚会烟花产品供应单位。天符出口花炮厂接受任务

国庆焰火晚会（2009 年） 浦口镇政府 供

以后，进行全厂动员，制定严格的实施方案，充分发挥企业的技术优势和产品质量优势，提出一份最高标准的产品清单。科研人员针对焰火晚会的高要求，加班加点进行技术攻关。由于企业多次参加国内外重大焰火晚会，积累了丰富的经验。在国庆60周年焰火晚会上，天符出口花炮厂提供的高空礼花弹凌空绽放，流光溢彩，响声如雷，赢得了普遍赞誉。

浦口蔬菜基地形成规模

自20世纪90年代开始，浦口镇政府引导农民积极调整产业结构，大力发展商品蔬菜及瓜果种植。通过政策扶持、资金支持、技术培训和其他相关服务，促进蔬菜、瓜果的规模化生产。实现传统农业向现代农业转变。一些农户运用塑料大棚育苗，大规模种植反季节蔬菜和瓜果，形成浦口农业生产一个新特点。

1996年，全镇种植蔬菜5025亩，其中早熟黄瓜3060亩，辣椒820亩，茄子680亩，其他蔬菜465亩。专业从业人员约3000人，蔬菜总产值1800万元，占农业总产值的20.7%。由于蔬菜种植与蔬菜育苗初具规模，浦口镇得到了湖南省经贸委、省蔬菜办和株洲市人民政府的表彰。

1998年，浦口镇建立株洲市一线蔬菜基地，享受株洲市专业菜地的优惠政策，纳入株洲一线菜地管理。是年，李洲村民吴德仁获醴陵市“十佳种菜能手”称号。1998年，全镇种植蔬菜6206亩，其中早熟黄瓜4010亩，总收入占农业总产值的31%。

进入21世纪，境域蔬菜、瓜果种植稳步发展，种植面积基本稳定，经济效益不断提高，为农民带来实惠。境内主要种植早熟黄瓜、丝瓜、辣椒、茄子、豆角、西瓜、香瓜，葡萄、火龙果、柑橘、杨梅、油茶等。特别是早熟黄瓜、白皮丝瓜初具规模，采用塑料大小棚、地膜覆盖、膜下滴灌，提高了肥料的利用，减轻了病虫危害，特别是提早了早春栽植季节，果实上市早，价格优，平均每亩产值达万元以上。

浦口镇蔬菜种植基地（2018 年）　　浦口镇政府　供

2016 年，境内蔬菜种植面积 5120 亩，瓜果和花卉种植 2210 亩，其中葡萄 800 亩，草莓 270 亩，大棚西瓜 490 亩，大棚香瓜 320 亩，火龙果 30 亩，茶树花卉及其他树种育苗 300 亩。蔬菜、瓜果及其他经济作物和各类育苗总面积 8330 亩，占全镇耕地总面积 40%。并涌现出浦缘专业合作社等一批典型。

河泉渡口（2018 年）　　浦口镇政府　供

附录

珍藏美好的记忆，是为了铭记昨天，描画今天，是为了延续未来更加壮丽的梦想，而浦口人民拼搏前行的步伐也将一如既往坚定有力。

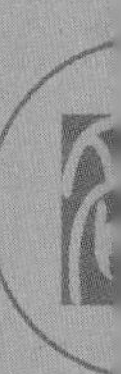

浦口相关报道

腾飞浦口，美丽乡镇
——来自醴陵市浦口镇“美丽乡村”建设的报道

刘海洋　舒建球　张靓

曾经，这里烟囱矗立，滚滚浓烟直指青空，遮住半壁蓝天；

曾经，这里道路泥泞，坎坷不平垃圾遍地，雨后寸步难行；

曾经，这里养殖荒废，鸡犬霸道鱼塘泛白，散发阵阵恶臭……

然而，在我省启动“新农村建设”和“美丽湖南”这一刻起，曾经“脏、乱、差”的小镇竟仿佛一夜之间得到造物主的垂怜，这里发生了翻天覆地的变化：天蓝了，水绿了，道路平坦宽畅了……

如今的这片土地焕发勃勃生机，工农业已具规模，四大农业基地，六大工业支柱，为村民增收，为乡镇增色，乡村经济蒸蒸日上。

跟随着寻访“美丽乡村”的步伐，近日，本刊记者一行来到了位于株洲醴陵市东部的浦口镇。走进浦口，感受这座工业化城镇的时光变迁和温柔情怀。

发展，现代工、农业齐头并进

走进浦口，乡镇的自然风光一把抓住了我们的眼球。只见干净平坦的道路向着前方蜿蜒伸展，井然有序的房屋坐落在道路两边，纵横交错的小道与池塘接壤，池边垂柳婀娜地在风中摇曳，目光所及之处，一花、一草、一木甚至一个屋檐仿佛都能入画。世人难料，这样满腹大自然诗情画意的乡镇却是以工业起家。

“浦口镇地理位置优越，人流量大，但镇区基础设施配套偏弱，历史上一直未形成良好的商贸环境，与周边乡镇浓厚的商业氛围差距甚远。”浦口镇党委书记谢世军这么

村道（2014 年） 张靓 摄

跟我们一行介绍到。

作为醴陵市的一个工业重镇，浦口属于省级星火密集区重要基地，其经济以工业为主。随着时代的发展，为了进一步满足当地群众不断增长的物质文化需求，浦口镇党委、政府紧扣“工业支撑、农业增效、集镇提质、民生改善”这条主线，贯彻落实“打造发展升级版、建设湖南东大门”的发展思路，结合近几年的努力，浦口镇在工农业方面取得的成效显著。

工业方面，浦口已形成“烟花爆竹、电瓷电器、建筑建材、爆竹机械、日用炻瓷、彩印包装”六大支柱产业，是全国三大电瓷生产基地之一。而在农业方面，也初步建成了以“水稻、黄瓜、葡萄、优质育苗”为主的四大农业生产基地。

浦口镇相关负责人告诉我们，目前浦口正积极推动招商引资工作的开展，为实现做大传统烟花爆竹产业、形成自己的农业经济品牌、完善农田水利设施建设三方目标，浦口近年将着重发展浦东商贸城、老街农贸市场、碧泉商业广场等多个重点项目建设，在现有基础上稳步提升自身综合实力，开展工农共进的发展模式，培植新的经济增长点，加快浦口镇现代化进程的步伐。

生活，田园里的“城市生活”

水泥修缮的中心大道平整而宽敞，放眼望去，一排排红瓦白墙的房屋错落有致，四周环顾，草绿如茵，植物繁盛，丝毫不负“全省绿色村庄”的美名。这里，就是浦口镇贯古村。

走进贯古村，我们随意来到一户村民家中，户主名叫刘文年，是镇上一位退休老教师。刘老师感触颇深，他透露，在镇党委、政府的引导和支持下，贯古村近几年来的变化十分显著。

“这几年，政府和本地将军烟花集团公司老板共筹了300多万元，给村里老百姓建了文化广场，配备了健身器材，安装了节能路灯、电子屏，愣是把生活整得跟城里人一样”。刘老师说着说着不禁开心地笑了起来。

自2009年起，政府将“村庄绿化”纳入到村支两委工作重点后，前后累计投入绿化资金120万元，在村里建有和园、馨园两大绿化休闲广场，并在近几年逐步完善文化广场的配套设施建设，为村民们提供了一个集健身、娱乐休闲于一体的文化场所。

“吃过晚饭就到路上散散步，或者去广场那些健身器材上锻炼锻炼，有时候也会跟老伴儿一起跳跳广场舞，现在都不用担心天黑了走路不方便，反正到哪儿都是亮堂堂的。”

在贯古村我们看到，除了绿化与娱乐设施，村道的两旁也不乏一盏盏节能灯的身影。据了解，浦口镇党委、政府为了切实做好民生工作，贴近民众，使村民真切感受到生活水平的提高，大量的现代化设施正逐步引入到贯古村来，为村民们的现代化生活增光添彩。

健身器材（2014年） 舒建求 摄

新农村面貌（2014年） 刘海洋 摄

环境，生态文明展新颜

山清水秀，乐业宜居，这是碧泉村留给人们的第一印象。

“结合当地的实际情况，浦口镇党委、政府将造林绿化建设作为新农村建设的重要工作来抓，经过长期的努力，现已颇具成效”。碧泉村村主任石金生告诉我们，为了让村民的生活环境得到较大改善，目前村委已聘请了3名保洁人员，专人专责肩负部分区域的卫生工作，并新购置了1台洒水车和垃圾清运车。通过卫生区网络化管理机制，现今，村里的生活垃圾做到了日产日清。

在“美丽乡村”的创建过程中，碧泉村村民在村干部的带领下，认真学习科学培育知识，积极参与绿色村庄、家园建设的各项活动，大力发展村庄的特色产业及生态旅游。在全体村民的共同努力下，如今的碧泉村俨然旧貌换新颜，成了绿色生态文明极具标榜性的新农村。

未来，经济发展再创新辉煌

浦口镇党委书记谢世军在谈到城镇建设、管理问题上时明确表示：“只建设不管理，那是空有其形，达不到建设的目的。我们要以高品质规划、高强度投入、高标准建设、高水平管理为主线，扎实推进新型城镇化建设。”

为了引进更多项目的投资，进一步促进浦口镇的经济发展，浦口镇党委、政府将发展的目光放在了企业服务方面。为企业提供良好的发展环境，从工商、税务、国土等方面为企业开辟绿色通道，以最精简的方式，减少一些不必要的流程，竭力为企业发展提供便利，从而通过企业的发展带动城镇经济的进步。

浦口镇的经济发展是当今乡镇经济发展模式的典范，以工带农，工农相辅，形成工农良性运行的循环机制。在浦口镇未来的发展蓝图上，我们可以清晰地看到一座商贸繁荣、注重生态、适合旅游发展、创造和谐又充满生机的现代化的小镇，如夏花般慢慢盛开。

（原载《湖南日报》2014 年 09 月 17 日）

三湘文明镇——浦口镇

湖南省醴陵市浦口镇，地处湘东，毗邻江西省萍乡市。全缜总面积 58 平方千米，辖 20 个行政村、2 个居委会，354 个村（居）民小组，36302 人。耕地面积 18350 亩，人平 0.5 亩，其中水田 17000 亩，人均 0.47 亩。共有镇、村、组和联、个体企业 1107 个，其中镇办企业 10 个。改革开放以来，该镇以四项基本原则为指针，认真贯彻党的路线、方针、政策，坚持以农业为基础，以工业为主导，农工商协调发展，两种生产一起抓，两个文明一齐上，取得了可喜的成绩。

该镇是醴陵市文明村镇建设起步最早的乡镇之一。1983 年创建了醴陵市第一个农村文化中心，兴办了全省第一个农村万册图书馆。1986 年 6 月全国文明村镇建设汇会预报备会的代表到达该镇参观。接着，在河北保定召开的全国文明村镇建设汇报会上，中宣部对该镇提出的“抓服务质量，治差变优”给予了很高的评价，使全国精神文明建设的“五抓、五治、五变”，变成了“六抓、六治、六变”，丰富了全国文明村镇建设的内容。1987 年该镇又出席了在无锡召开的全国农村文化中心（站）建设座谈会。1989 年 9 月，在西安召开的全国部分省市文明村镇建设座谈会上，浦口镇文明建设办实事的经验和典型事迹进一步得到推广和肯定。最近，又已被中共湖南省委宣传部确定参加全国乡镇企业思想政治工作座谈会。1982 年以来，该镇连续 18 次被省、市党政军领导机关命名为先进单位或红旗单位。1989 年 3 月，该镇被中共湖南省委、湖南省人民政府命名为“双文明建设先进单位”。1987 年 7 月，中共湖南省委书记视察该镇，题词“三湘明珠，锦上添花”。1986 年 11 月，中央领导视察该镇，对全镇两个文明建设给予了充分肯定，并题训“两个文明一起抓，全镇经济文化一起上”。同时，该镇近几年来跨镇经营、镇内扶贫的做法也得到了有关部门和领导的高度赞扬。在精神文明建设上，还涌现了一大批具有影响的先进人物。有的被评选为全国水稻丰产模范和全国第一届人大代表，有的被评为“省农业劳模”、“省三八红旗手”、“全国三八红旗手”、“省人大代表”、“省优秀党员”、“省建筑行业优秀企业家”、“全国优秀司法调解工作者”、“全国优秀农民企业家”、“全国劳动模范”、第七届全国人大代表。

随着经济稳定发展，人民生活水平逐年提高。1989 年全镇实现工农业总收入 12950 万元，比 1980 年 1318 万元增加 11632 万元，增长 8.23 倍。人平收入 3567 元，比 1980 年 427 元增加 3140 元，增长 7.35 倍。农业稳步发展，工业突飞猛进，人民生活水平显著提高。这个镇的科学种田水平、农业机械化程度都比较高。目前，全镇拥有各种机动车辆 287 台，农用机械 707 台（件），总功率 1 万千瓦，亩平 0.55 千瓦。1988 年获省农业机械管理局授予的“国家丰收计划一等奖”。从 1987 年开始，已实现了连续三年过吨粮。工业上充分发展传统产业优势，建立了一个以烟花鞭炮为拳头，电瓷、日用瓷、建筑、建材、包装、印刷、食品、运输、服装、湘绣等门类齐全，工商建运服，镇村组联个经营全面发展的农村工业体系。务工劳力已占全镇总劳力的 74.3%。1989 年，全镇实现工业总产值 8724 万元，1990 年可望过亿元。特别是该镇集体经济比较雄厚。10 家镇办企业有固定资产 1520 万元，自有资金 1800 万元。1989 年，完成产值 4424.8 万元，创利润 230 万元，上缴国家税收 355.5 万元。镇出口花炮厂，1989 年实现产值 2200 万元，总收入 2350 万元，创利润 183 万元，上缴国家税收 244 万元，创外汇收入 394 万美元，1988 年经株洲市人民政府批准为中型企业。同年，由国家农业部、国家对外经济贸易部授予全国 100 家创汇大户“飞龙”奖和优质产品出口“金龙”奖，出口创汇居全省乡镇企业第二位。全镇经济发展速度，1989 年名列全省 641 个建制镇的榜首。文化、物质生活水平也是比较高的。全镇拥有一千座位以上的影剧院 1 个、电影放映机 8 台、放像机 6 台、电视差转台 1 个，广播电视是株洲市的达标单位。有医疗院、所、点 13 个，医务人员 64 个，病床 32 张。中学 1 所、小学 17 所，其办学条件，教学质量一直居全市之首。镇办中学初步定为株洲市规范化学校，已具备良好基础等待验收发证。群众体育被湖南省体委授予全省先进单位，并于 1986 年 7 月获全省首届“富民杯”篮球赛第一名。全镇有储蓄400多万元，比1980年的31万元增长10倍以上。近十年来，全镇新建、改建住房6600多栋（处），面积达130多万平方米。现在，每100户有电视机51台，自行车200辆，收录机44台，电风扇150台，洗衣机12台，电冰箱2台，98%的户使用压水井。实现了村村通电话，组组通公路（机耕路），户户通电。5年来，集镇建设投资2250万元，新建农民新城1.7公里，吸纳居民和工商企业316家，建筑面积17.2万平方米。其中，镇投资340万元。建日产1600吨自来水厂一个，修水泥路面1.7公里，行人道植树2900多株，绿化面积30多亩。

浦口人在有限的土地面积上，精耕细作，全面发展农林牧副渔，向国家做出了较大贡献。全镇人平水田不足5分，但每年向国家贡献粮食279.4万公斤，农业人口人平79.6公斤，水田亩平164.4公斤。贡献食油1.55万公斤。1989年，上缴国家税收554万元，人平152.6元，约占全市财政收入的6%，占全市农村税收12%。创外汇收入400多万美元，是全省出口创汇最多的乡镇之一。国库券等公债认购，年年提前超额完成任务。

现在，社会治安稳定良好。浦口镇有治安、民事调解组织46个，专兼职人员377个。去年以来，结合贯彻实施村民委员会组织法，又进一步完善健全了各种乡（村）规民约，在全镇建立了群众联防、群众自治的网络。并从教育入手，狠抓了村民的学法用法。近几年来，村民购买法律知识读本8800本，印发普法资料13000份，订法制报刊2100份，办法制宣传栏130期，举办普法广播讲座1130次，出动宣传车57台次。先后有18400人次除参加县市以上组织的普法考试之外，该镇还印发试卷，组织万个农民开展法律知识竞赛活动。农民法律观念不断增强。目前，全镇治安形势稳定，形成了一个遵纪守法、依法办事的良好风气，民事调解工作做到了小纠纷不出村，大纠纷不出镇。近十年来，全镇境内未发生重大刑事案件。三铺村调解员被评为“全国优秀司法调解先进工作者”。镇办中学从1988年起连续两年被评为株洲市普法先进单位。还涌现了一批农民业余法律事务工作者，有两人通过考试取得了律师资格证书。

全镇计划生育工作常抓不懈，做到了镇有计划生育常年工作队，村有计划生育协会，出生率、净增率等项计划生育指标，年年控制在上级规定的限额之内。其做法和经验还于1984年在全省计划生育工作会上作过介绍。近几年，省、市在命名该镇双文明建设先进单位或红旗单位时，都对计划生育作过专项审查，次次得到称赞。1986年，创全省结扎速度最快、人数最多记录，1987年被评为醴陵市计划生育先进单位。今年，在探索计划生育工作新途径中，全镇又实行了一孩和两孩纯女户结扎养老保险，即由镇村两级负担

300 元保险金，被保险者夫妇年满 60 岁后，每月能享受 70 ~ 110 元养老金。目前，全镇已有 90 户纯女户结扎，办好了养老保险手续，预计年内还可办理纯女户养老保险 260 户。省市有关部门对这一创造性的工作给予了充分肯定。1986 年，该镇还投资 35 万元，兴建了一个 2170 平方米 68 套间的敬老院，先后收养了五保老人 57 个。目前，全镇 155 个五保户的粮、油、钱全部实行了统筹，做到了老有所养，促进了计划生育工作。

浦口乡镇领导班子团结一致，廉洁奉公，深受群众拥护。镇党委、政府、人大三套班子团结一致，工作互相配合，通力协作，形成了一个强有力的领导集体，在全镇享有很高的威望。班子中从未发生过内耗派性斗争，领导成员无受党政纪处分。近几年三任党委书记，由于政绩突出，德高望重，全部得到提拔使用，安排在市直重要部门工作。四个副职和党委委员干部直接提拔到外乡镇任党委书记或乡镇长。领导班子在整体上也是一直比较稳定的，每次换届选举都是一次成功，多数成员连选连任。领导成员为政廉洁，不以权谋私，经济上管理得法，制度健全。1989 年，省财政厅监察处派出工作组，对该镇近几年来财务账目进行审计，仅查出违纪金额 4.7 元。领导带头艰苦奋斗，镇政府 5 次缓建办公楼，腾出资金修水利，建学校，办敬老院、发展企业和社会福利事业。目前，所有镇办企业、学校、敬老院的办公、生活条件都优于镇政府机关。镇干部工作作风严谨，工作深入办实事。近两年来，还实行了机关干部下村任党政副职制度，直接参与村级工作管理决策，减少环节和会议，提高了工作效率。并在镇属企业设立管农业的副厂长，加强对农业的领导。这些措施，得到了群众拥护，深受全镇人民好评。

（选自《全国思想政治工作先进典型汇编》）

居规民约

贯古社区居规民约

为加强社会主义精神文明和物质文明建设，使广大居民能自我管理、自我服务、自我教育，严格规范党员、干部、群众的生活方式、行为习惯、法制观念，强化社会治安管理，保持社会稳定，维护广大居民的合法权益，制定本居规民约。

一、社会主义价值观

全体居民积极学习宣传践行社会主义核心价值观；富强、民主、文明、和谐；自由、平等、公正、法治；爱国、敬业、诚信、友善。

二、社会治安

第一条　热爱祖国是每个居民的责任，学法、守法、知法、自觉维护国家的法律权威和尊严，同一切违法犯罪、邪恶势力做斗争是每个居民的义务和责任。

第二条　服兵役是每个适龄居民应尽的义务，响应国家号召凡年满18周岁的居民都要积极去兵役机关登记报名，服从国家的分配，服兵役尽义务，逃避服兵役的行为将按照国家的有关法律法规进行处罚。

第三条　孝敬父母，保护妇女儿童的切身利益和权益，践行社会主义核心价值观，弘扬中华民族尊老、爱老、敬老的道德观，积极保护妇女儿童的权益不受侵害，每年将进行一次“五好”家庭评选，将遵纪守法、孝敬父母、团结邻里、家庭暴力、儿童教育等纳入“五好”家庭的评选范围。

第四条　严厉打击黑恶势力、村霸行为，与黑恶势力、村霸行为做斗争是每个居民的义务和责任，将黑恶、村霸、黄、赌、毒的行为纳入“平安家庭”评选范围，凡有一人涉及其中一项，其家庭将被取消评选资格。

第五条　尊师重教，讲道德，重品行，自觉维护公共秩序和公共安全，不得聚众闹事，无理非法越级上访，阻碍公务人员执行公务。

第六条　严禁哄抢、偷盗公物、私产，破坏公共设施，严禁乱搭乱接，偷盗电力、电线，自觉保护国家、集体、居民的一切合法权益。

第七条　严禁乱开乱采国家矿产资源，乱伐林木、道路景观树木等，严厉打击非法生产行为，一经发现，将提请有关部门依法查处。

第八条　严禁非法限制他人人身自由、暴力追债、为黄赌毒提供场所、放高利贷等行为。

第九条　严禁非法生产销售私藏国家明令禁止的爆炸物品、管制刀具、枪支弹药、淫秽物品、赌博资料、毒品等，一经发现，每个居民都有积极举报的义务和责任。

第十条　严禁私搭乱建，保护耕地红线，自觉遵守国家的土地政策，旧房改建必须办理相关申请审批手续，违法建设将依照国家相关政策责令整改、拆除。

第十一条 认真遵守户口管理制度，人口出生、死亡报备上户销户制度，外来人员需要在本居委会暂住的，应向居委会治保主任报备办理相关手续，在本居委会务工、经商的外来人员必须遵守服从本居委会的居规民约，严禁非法同居、非法孕育，否则将接受有关部门的规定进行处罚。

第十二条 对违反上述社会治安条款者，按以下办法处理：

（一）触犯法律法规的，报送公安机关处理。

（二）情节严重但尚未触犯法律法规和治安处罚规定的，由居委会干部批评教育，并按相关规定予以处罚。

三、移风易俗

第一条 倡导社会主义精神文明建设，建设美丽新农村，反对封建迷信活动、邪教组织、铺张浪费及其他不文明行为，树立良好的社会新风尚。

第二条 成立红白喜事理事会，积极倡导移风易俗，树立社会主义新农村新风尚，倡导火化，丧事简办，不奢华，不铺张浪费，不建活人墓地，节约土地，凡党员、干部、居民除婚丧嫁娶外，一律不得办除亲属参与的任何酒席。婚丧嫁娶办酒席必须到居委会报备，服从红白喜事理事会的安排，不服从安排将给予上级规定的适当经济处罚。红白喜事理事会理事长：黄徐，副理事长：曾祥连，成员：彭喜平、陶维寿、肖立群、邓玲平。

第三条 不迷信鬼神、不算卦算命、不信风水、不传输迷信、淫秽物品音像等

第四条 树立正确的人生观、价值观、积极倡导男女平等。

第五条 积极参加居委会组织的各项文化、体育、义工活动，提倡精神文明、物质文明，遵守社会公德，提高文化水平学习和修养，教育下一代认真学习文化知识，掌握各项正确的生活、工作技能，倡导见义勇为行为，树立时代榜样，居委会要积极培养优秀青少年加入中国共青团、共产党组织，积极参与居委会的发展和建设，切实提高居民的生活水平和物质水平。

四、邻里关系

第一条 居民之间要相互尊重、互相帮助、扶弱济贫、团结友善、建立良好的社会风气和乡邻关系。

第二条 在经营、生活、借贷、社会交往中，应遵循平等、自愿、互利原则，在生

产生活中与邻为善，发扬风格，大事有商量，小事不斤斤计较。

第三条 自觉管理好各自的鸡鸭牲口，不糟蹋邻里的农作物，如有损害，及时沟通，及时化解纠纷，给予适当补偿。

第四条 不强占邻里利益，不乱传各种小道消息，管好自己的嘴，多记别人的好，懂得感恩，邻里有困难时，及时援手，远亲不如近邻，邻里之间平时做到不贪不占，不搬弄是非，不挑拨关系。

五、环境卫生

第一条 自觉遵守社区的公共环境卫生，不乱搭乱建，有损社区形象和环境的棚舍，不乱丢弃生活垃圾，做到生活厨余垃圾、废旧物品分类放置垃圾箱（桶）内。

第二条 不乱排放生活、生产污水，不在居民集中居住区域内禁养区内养殖家禽、牲畜，养殖污水做到净化后达标排放。

第三条 严禁破坏社区道路绿化树木，做到各自庭院宜绿尽绿，广植各种花草树木。

第四条 环境卫生人人做起，积极参加社区的各项环境卫生整治工作，教育子女尊重环卫工作人员的劳动成果，自觉遵守社区的环境卫生管理制度。

第五条 积极响应习近平总书记“绿水青山就是金山银山”的号召，积极投入到社区的各项环境卫生整治工作。

第六条 谁污染，谁治理，社区对乱放各种污水行为，破坏环境的行为将坚决予以打击，在经济上进行适当处罚。根据有关文件精神，上门收集垃圾进行有偿服务，人人参与，共创美丽社区。

第七条 各种建筑垃圾、采矿采砂尾矿泥沙不得乱堆乱放，一经发现，将给予限期整改，经济处罚措施。

六、社区、家庭、婚姻

第一条 结合社区实际情况，积极引导居民参加社区的各项制度管理。

第二条 积极推动贫困户的管理，定期上门了解情况，对贫困户加强扶持力度，帮助早日脱贫，贫困户不得以任何理由抛荒耕地拒绝参加力所能及的工作，杜绝懒人贫困户或参与打麻将等违法违纪行为，一经发现，取消任何扶持政策享受。

第三条 居民所承包的耕地可按政策转包、流转，对抛荒耕地，经教育仍不整改者，可收回土地承包经营权，纳入社区集中管理流转。

第四条 严禁包办、买卖婚姻，非婚同居，非婚生育。居民家庭婚姻自由，男女平等，尊老爱幼，建立团结和谐的家庭关系。

第五条 积极交纳社会保险，居民合作医疗保险，杜绝因病致贫现象的发生。

第六条 居民家庭必须对所有未成年人完成国家规定的九年义务制教育，杜绝未到法定年龄结婚现象，杜绝非法收养拐卖妇女儿童行为，保护妇女儿童的身心教育。

第七条 对违反上述条款经教育仍不悔改的，提请上级相关部门进行处罚。

主要参考文献

〔明〕崇祯《长沙府志》。

〔清〕光绪《湖南通志》。

民国版《中国实业志》，1924 年刊印。

民国版《醴陵县志》，醴陵市志办 1985 年重印。

王泰诚总纂:《醴陵市志》，湖南人民出版社，1995 年。

汤鹏天总纂:《醴陵市志》，湖南人民出版社，2005 年。

汤鹏天主编:《渌水神韵——醴陵风物志》，海天出版社，2009 年。

傅喜生、陈恒安主编:《醴陵花炮志》，醴陵市志办，1995 年刊印。

朱方义主编:《醴陵陶瓷志》，醴陵市志办，1989 年刊印。

醴陵市档案史志局主编:《醴陵年鉴》2005 卷，方志出版社，2006 年。

醴陵市档案史志局主编:《醴陵年鉴》2006 卷，方志出版社，2007 年。

醴陵市档案史志局主编:《醴陵年鉴》2007 卷，方志出版社，2008 年。

醴陵市档案史志局主编:《醴陵年鉴》2008 卷，方志出版社，2009 年。

醴陵市档案史志局主编:《醴陵年鉴》2009 卷，方志出版社，2010 年。

醴陵市档案史志局主编:《醴陵年鉴》2010 卷，方志出版社，2011 年。

醴陵市档案史志局主编:《醴陵年鉴》2011 卷，方志出版社，2012 年。

醴陵市档案史志局主编:《醴陵年鉴》2012 卷，方志出版社，2013 年。

醴陵市档案史志局主编:《醴陵年鉴》2013 卷，方志出版社，2014 年。

醴陵市档案史志局主编:《醴陵年鉴》2014 卷，方志出版社，2015 年。

醴陵市档案史志局主编:《醴陵年鉴》2015 卷，方志出版社，2016 年。

醴陵市档案史志局主编:《醴陵年鉴》2016 卷，方志出版社，2017 年。

醴陵市档案史志局主编:《醴陵年鉴》2017 卷，方志出版社，2018 年。
醴陵市档案史志局主编:《醴陵年鉴》2018 卷，方志出版社，2019 年。
荣水剑主编:《渌江新咏》，中国文联出版社，2015 年。

编纂始末

2017 年，浦口镇决定申报中国名镇志文化工程。湖南省、株洲市、醴陵市各级地方志部门高度重视，积极协调筹划，力争尽快启动《中国名镇志·浦口镇志》的编纂工作。醴陵市政府及时从财政安排专项经费。浦口镇党委、政府更是把这项工作摆上重要议事日程，多次进行动员部署，7 月，组建了以镇党委书记王平、镇长邓元新为首的编纂委员会，制定了工作方案，聘请了专门人士。当月，编纂工作全面开展，并提出了编纂《中国名镇志·浦口镇志》的基本框架，先后逐级呈报株洲市、湖南省地方志主管部门和中国地方志指导小组办公室审定。

从 2017 年 8 月开始，编纂人员根据内部分工，全面进行资料的收集整理工作，通过调查走访，翻阅大量史料，编纂工作小组成员对资料进行全面收集和初步整理，至 2018 年 1 月基本完成。2018 年 3 月开始进入总纂阶段。自 2018 年 8 月至 2019 年 9 月，《中国名镇志·浦口镇志》送审稿先后报送到株洲市志办、湖南省地方志编纂委员会、中国地方志指导小组办公室，分别由相关专家审核。2019 年 10 月最终定稿。

编纂工作小组分工情况如下。

汤鹏天：承担总纂工作，提出全书框架，完成全书文字内容的编排审核，并按照上级专家审核意见进行修改补充。完成总述“电瓷基地，花炮之乡”、“小康社会建设”中“精神文明”、“艺文杂记”中的“诗词”、“人物传略”、“大事纪略”、“附录”等内容的编写。

张文祥：协助总纂完成资料的初步整理，承担“名胜古迹”“风土风情”“艺文杂记”组稿，协助其他部分内容的编写，完成部分图片的拍摄。

傅长齐：承担“基本镇情”主体部分编写。

朱发科：承担“工业强镇”编写。

赖锡勇：承担“基本镇情”中“农业”编写。

周中平：承担“小康社会建设”编写。

兰芳：承担部分“人物传略”编写。

宁胜炎：承担“基本镇情”中“村落社区”编写。

文平：承担部分“大事纪略”编写。

《中国名镇志·浦口镇志》编纂过程中，得到了中国地方志指导小组办公室、湖南省地方志编纂委员会、株洲市市志办、醴陵市档案史志局的亲切关怀和指导，得到了浦口镇党委、政府、人大的大力支持和配合。湖南省地方志编纂委员会副主任邓建平、处长隆清华，株洲市志办副主任陈北宏、科长吴夏，醴陵市档案史志局局长吴远香、副局长陈灏等领导同志在业务指导和工作进展方面给予极大的关心与帮助。浦口镇副镇长胡望华在具体工作中亲力亲为，确保整个编纂工作顺利推进。浦口镇党政办公室也提供了各种支持。浦口镇各机关单位、各村、各企业予以积极配合，做了大量工作。在此，一并表示衷心感谢。

由于多方面原因,《中国名镇志·浦口镇志》的编纂还有不尽人意的地方，希望各界人士批评指正。

编　者

2019 年 10 月